AF550614

TASHI DAWA

Ein Spaziergang mit Buddha

Alle Ratschläge in diesem Buch wurden vom Autor und vom Verlag sorgfältig erwogen und geprüft. Eine Garantie kann dennoch nicht übernommen werden. Eine Haftung des Autors beziehungsweise des Verlags für jegliche Personen-, Sach- und Vermögensschäden ist daher ausgeschlossen.

Email: info@edition-lunerion.de
www.edition-lunerion.de

Psiana eCom UG
Berumer Str. 44
26844 Jemgum

INHALT

Die Essenz des Buddhismus

In unserer hektischen und von Stress geprägten Welt sehnen sich viele Menschen nach innerem Frieden sowie einem erfüllten Leben. Die buddhistischen Lehren bieten uns einen Weg, diese Sehnsucht zu erfüllen. Profitieren Sie von einer zeitlosen Weisheit!

Dieses Buch lädt Sie ein, den Buddhismus in Ihren Alltag zu integrieren. In den folgenden Kapiteln werden Sie entdecken, wie Sie die

Grundprinzipien des Buddhismus in Ihrem täglichen Leben anwenden können, um innere Gelassenheit, Zufriedenheit sowie Glück zu finden.

Beginnend mit einer Einführung in die historischen Aspekte des Buddhismus, werden Sie verstehen, warum diese jahrtausendealte Lehre bis heute von großer Bedeutung ist. Sie werden erfahren, dass der Buddhismus weit mehr ist als eine Religion – er ist ein Weg der Selbsterkenntnis und der persönlichen Transformation.

Die Grundlagen des Buddhismus, angefangen bei den vier edlen Wahrheiten bis hin zum achtfachen Pfad, werden in diesem Buch ausführlich behandelt. Sie werden lernen, wie Sie Ihre Sichtweise, Ihre Gesinnung, Ihre Rede, Ihre Handlungen sowie Ihren Lebenserwerb auf eine Weise ausrichten können, die Ihrem inneren Wachstum dient.

Die Kapitel über Meditation werden Ihnen praktische Anleitungen geben, wie Sie zur Ruhe kommen und Ihr wahres Selbst erkennen können. Durch Meditation sowie Achtsamkeit werden Sie Klarheit und innere Stärke finden, um mit den Herausforderungen des Alltags umzugehen.

Darüber hinaus bietet dieses Buch Übungen bzw. Anleitungen für den Umgang mit Zwischenmenschlichem, den eigenen Gedanken und Emotionen, der Arbeit, der Ernährung sowie der Nachhaltigkeit. Es zeigt Ihnen, wie Sie ein bewusstes und erfülltes Leben führen können.

Die buddhistischen Lehren im Alltag

Die buddhistischen Lehren haben ihren Ursprung vor über 2.500 Jahren in Indien und sind bis heute eine bedeutende spirituelle Tradition. Der Buddhismus bietet bis heute eine Fülle von praktischen Weisheiten, die im Alltag angewendet werden können, um innere Gelassenheit zu erreichen.

In einer schnelllebigen Welt, in der Stress, Hektik sowie Unsicherheit allgegenwärtig sind, suchen viele Menschen nach Wegen, um ihre innere Balance zu finden und mit den Herausforderungen des Lebens umzugehen. Die buddhistischen Lehren bieten eine tiefgründige Weisheit, die uns helfen kann, den Fokus auf das Wesentliche zu lenken und eine tiefe innere Ruhe zu finden.

Die Grundprinzipien des Buddhismus sind die vier edlen Wahrheiten sowie der achtfache Pfad. Die vier edlen Wahrheiten erklären die Ursache des Leidens und den Weg zur Befreiung davon. Sie laden uns ein, die Realität des menschlichen Daseins anzuerkennen, uns unseren eigenen Leiden bewusst zu werden und darüber hinaus nach Möglichkeiten zu suchen, sie zu überwinden. Der achtfache Pfad stellt eine praktische Anleitung dar, wie wir unsere Sichtweise, Gesinnung, Rede, Handlungen, unseren Lebenserwerb, unser Streben, unsere Achtsamkeit und Sammlung verbessern können, um ein Leben in Einklang mit den buddhistischen Prinzipien zu führen.

Eine der wichtigsten Praktiken im Buddhismus ist die Meditation. Durch regelmäßige Meditation schulen wir unsere Achtsamkeit, um innere Ruhe zu finden sowie uns von den ständigen Gedankenströmen des Geistes zu lösen. Die Meditation kann auch dazu beitragen, positive Qualitäten wie Mitgefühl und Freundlichkeit zu entwickeln.

Die buddhistischen Lehren können auch auf verschiedene Aspekte des Alltags angewendet werden, von zwischenmenschlichen Beziehungen über Arbeit und Ernährung bis hin zur Nachhaltigkeit sowie dem Umgang mit materiellem Besitz. Durch bewusste Selbstreflexion, Dankbarkeit, Gewaltlosigkeit und Achtsamkeit erfahren wir, wie wir unsere Handlungen im Alltag transformieren, um ein erfüllteres Leben zu führen.

In diesem Buch werden Sie die praktischen Anwendungen der buddhistischen Lehren im Alltag erforschen und Ihnen werden verschiedene Übungen vorgestellt, damit Sie die Prinzipien des Buddhismus in Ihren Alltag integrieren können. Durch die Anwendung dieser Weisheiten können Sie Ihre innere Gelassenheit stärken, Ihr Wohlbefinden verbessern sowie eine tiefere Verbindung zu sich selbst und Ihrer Umgebung finden. Lassen Sie uns gemeinsam auf die Reise gehen: Entdecken Sie die buddhistischen Lehren im Alltag!

Alte Pfade, neu entdeckt!

Das moderne Leben ist geprägt von Hektik, Stress und Materialismus. Aus diesem Grund sind chronische Volkskrankheiten in den westlichen Ländern keine Seltenheit – vielmehr ist die traurige Realität, dass sie jährlich zunehmen! Rückenschmerzen, Burnout bis hin zu Depressionen sind nur ein paar Beispiele, die zeigen, dass die moderne Welt kaum in Einklang mit unserer Gesundheit stehen kann. Und zu allem Überfluss strebt der moderne Mensch meistens auch nach mehr und mehr ... mehr Geld, mehr Profit, mehr Konsumkraft, mehr Nahrung und mehr Platz! Es wird Zeit, dass wir uns als Menschen wieder mehr der Natur widmen, auf unsere Gesundheit achten und wieder lernen, mit weniger genügsam zu sein, denn im Prinzip brauchen wir nur ein paar Dinge, um ein erfülltes, glückliches sowie gesundes Leben zu führen. Ein alter Pfad, der Sie auf diesem Weg begleiten kann, stellen die über 2.500 Jahre alten Lehren des Buddhismus dar.

ÄUSSERE FÜLLE & INNERE LEERE

Der Vater der Logotherapie Viktor Frankl – ein österreichischer Psychiater – sieht hinter der primären Motivation des Menschen das Streben nach dem Sinn. Damit ist nach seiner Ansicht nicht nur das Leben selbst gemeint, sondern auch das, was wir in unserem Leben tun, wie beispielsweise unsere Arbeit bzw. Berufung. Geprägt von seiner Zeit im NS-Konzentrationslager, erkannte er schnell, was tatsächlich im Leben wichtig ist, da ihm alle Freiheiten genommen wurden.

Ihm blieben nur die innere Freiheit und der Gedanke, seine Haltung gegenüber den äußeren Umständen selbst zu wählen. Er kommt zu dem Schluss, dass jedem Menschen, egal, ob ihm sämtliche Freiheiten untersagt sind, zumindest noch die Freiheit des eigenen Willens bleibt. Zudem erwächst ein sinnvolles Leben seiner Meinung nach insbesondere durch die Momente, wenn wir etwas Nützliches für andere tun, wenn wir Freude an zwischenmenschlichen Begegnungen haben und wenn wir in einem sinnstiftenden Arbeitsumfeld agieren. Jedes Individuum kann den Sinn des eigenen Lebens finden und ohnehin sei der Wunsch nach einem sinnvollen Leben tief in uns Menschen verankert, so Frankl. Zusammenfassend kann man sagen, dass Sie Ihr Tun erst als sinnvoll erachten, wenn dieses Tun im Einklang mit Ihrem Gewissen sowie Ihren Werten steht. Schließlich kommt es eben auch stark darauf an, welches Weltbild Sie besitzen, was Sie als gerecht empfinden und wie Sie sich selbst und andere wahrnehmen.

Mit Blick in Richtung Wirtschaft wird ebenfalls klar, dass sich das Wirtschaftssystem zu wandeln beginnt. Einer der derzeitigen Trends ist die Neo-Ökologie. Diese steht für Fairness, Verantwortung sowie Gerechtigkeit – also alles Werte, die aufzeigen, dass wir globale Krisen auch nur global lösen können, über alle gesellschaftlichen und kontinentalen Grenzen hinweg. Die Menschheit weiß ganz genau, dass die Ressourcen der Erde erschöpflich sind, weswegen wir nur gemeinsam gewinnen können. Die Wirtschaft muss sich die Frage nach dem Sinn und Zweck gefallen lassen, denn reine Profitgier löst keine globalen Probleme. Das gelingt nur, wenn sich Unternehmen in ihrer Ausrichtung dem Gemeinwohl widmen und auf ökologische Nachhaltigkeit setzen.

Ein weiterer Trend, der sich in den letzten zwei Jahrzehnten immer mehr durchsetzt, ist das Streben nach Gesundheit. Das gesellschaftliche Bewusstsein – gerade in den westlichen Ländern – ist geprägt von einem hohen Lebensstandard und definiert längst ganze Lebensstile. So leben bereits viele Menschen vegetarisch oder sogar vegan, da sie die gesundheitlichen Risiken durch einen hohen Fleischkonsum erkannt haben. Wir werden später im Verlauf des Buches noch konkret auf das Thema Ernährung eingehen. Aber auch soziokulturelle Entwicklungen sind abzusehen, denn beispielsweise wird in vielen Ländern über die Einführung einer „Vier-Tage-Woche" diskutiert. Die positiven Effekte sind bereits erkennbar, denn einige Firmen gehen schon jetzt diesen Weg. Die Mitarbeitenden sind weniger krank und produktiver. Anstatt sich jede Woche 40 Stunden und mehr für die Arbeit abzurackern sowie wenig Zeit für die drei großen „F's" – Familie, Freunde und Freizeit – zu haben, achten immer mehr Arbeitgeber sowie Arbeitnehmer auf eine gesunde „Work-Life-Balance". Dieser Trend ist nicht mehr aufzuhalten, denn für die Generation Z (Personen, die zwischen 1997 und 2012 geboren wurden), welche jetzt beginnt, in Form von Ausbildung oder Werkstudentenstellen auf dem Arbeitsmarkt Fuß zu fassen, steht die „Work-Life-Balance" ganz klar an erster Stelle. Wochenendarbeit und Überstunden sind darüber hinaus ohnehin ein absolutes „No-Go" für diese Generation.

Diese gesunde Lebenseinstellung der Generation Z lässt sich natürlich noch nicht bei jeder Generation wiederfinden. Weiterhin ist jeder Mensch ein Individuum und nicht jeder hat das Glück, unter einem verständnisvollen Chef zu arbeiten. Wohin das führen kann, wurde eingangs bereits grob dargelegt – Stress führt langfristig zu diversen Krankheiten! Doch welche Reize lösen in uns eigentlich Stress aus? Die kurze Antwort: Stress hat viele Auslöser. Die lange Antwort lässt sich aus einer Forsa-Umfrage aus dem Jahr 2016 ableiten. So waren die größten Auslöser im Jahr 2016 die Arbeit an sich, zu lange Arbeitswege, die Teilnahme am Straßenverkehr, zu viele Verpflichtungen in der wenig verfügbaren freien Zeit, zu hohe Ansprüche an die eigene Person, die ständige Erreichbarkeit, Konflikte mit Freunden sowie Familienmitgliedern, schwere Erkrankungen bzw. Pflege von Angehörigen, hohe Belastung durch den eigenen Haushalt, die Kindererziehung sowie finanzielle Sorgen. Es ist allzu verständlich, dass über kurz oder lang chronische Krankheiten zutage treten, wenn wir ständig solchen Stressauslösern ausgesetzt sind. Neben körperlichen Beschwerden sind es eben vor allem psychische Erkrankungen, mit denen wir als Gesellschaft, aber auch als einzelne Individuen lernen müssen, umzugehen.

Deswegen sollten Sie sofort handeln, wenn Sie feststellen, dass Sie vermehrt unter depressiven Verstimmungen oder einer beginnenden Angststörung oder anderen Psychosen leiden. Neben den bereits benannten Stressfaktoren gibt es auch besondere Risikofaktoren, die am Ende zu einer psychischen Störung führen können. Dazu gehören ein niedriger sozialer, aber auch ökonomischer Status, prekäre Wohnverhältnisse, eine schlechte Schulbildung oder das Miterleben einer Erkrankung der eigenen Eltern, sowohl körperlicher als auch seelischer Natur. Denn wer in einem erkrankten Umfeld aufwächst, kann zwangsläufig nur selbst „erkranken“ oder rechtzeitig die Reißleine ziehen und sich, zum Beispiel, um psychologische oder ärztliche Hilfe bemühen. Des Weiteren können der Verlust von Bezugspersonen, emotionale Spannungen innerhalb der Familie und die Unterbringung in einem Heim in einem Kind sowohl massive physische als auch psychische Spuren hinterlassen, ebenso wie Missbrauch oder Gewalterfahrungen.

Eine Risikogruppe ist besonders anfällig für chronische Erkrankungen, allen voran psychischen Erkrankungen: Dies sind vor allem alleinerziehende Mütter ohne soziales Netzwerk. Darunter leiden am Ende schlussendlich auch die Kinder von Alleinerziehenden. In Österreich waren bereits im Jahr 2001 exakt 87 Prozent der alleinerziehenden Mütter mit Kindern unter 15 Jahren zusätzlich berufstätig – dies in erster Linie jedoch nicht, weil die Frauen es möchten, sondern weil sie aus finanziellen Gründen gezwungen sind, zu arbeiten. Diese Doppelbelastung ist nicht nur ein Problem für die Frauen, sondern ebenso für ihre Kinder, denn diese bekommen unter Umständen nicht genügend Mutterliebe, die für eine gesunde geistige Entwicklung jedoch unerlässlich ist. Mütter plagt dann verständlicherweise das schlechte Gewissen, da sie ebenfalls das Gefühl haben, nicht genug am Leben ihrer Kinder teilzuhaben. Hier sind eindeutig die Politik sowie die Gesellschaft gefragt, diesen alleinerziehenden Frauen, aber auch den alleinerziehenden Vätern unter die Arme zu greifen. Das gelingt durch mehr Kindergeld, mehr Kindertagesstätten, aber auch mit mehr Verständnis durch die nahestehende Umgebung. Anstatt sich beispielsweise als Nachbarn über das laut schreiende Kind in der Wohnung obendrüber zu beschweren, könnte man Hilfe anbieten. Das kann das Kochen von Mahlzeiten sein, ab und zu die Kehrwoche zu übernehmen oder auch anzubieten, das Kind einmal eine oder zwei Stunden zu sich zu nehmen, wenn das Vertrauen auf beiden Seiten da ist, damit die alleinstehende Mutter oder der alleinstehende Vater auch einmal etwas Zeit für sich selbst erhält.

Der Anteil an psychischen Erkrankungen, die letztendlich zur Arbeitsunfähigkeit führen können, wächst. In den letzten 40 Jahren stieg der Anteil der durch psychische Erkrankungen ausgelösten Krankheitstage von gerade einmal zwei Prozent auf 16,6 Prozent, nachzulesen im Gesundheitsreport der BKK aus dem Jahr 2018.

Psychische Erkrankungen gelten mittlerweile als zweithäufigste Diagnosegruppe unter den Krankschreibungen. Letztendlich ist eine psychisch labile Gesellschaft nicht nur eine „Last“ für das nahe Umfeld, sondern ganz klar auch für die Unternehmen und sogar für die gesamte Volkswirtschaft. Im Übrigen sind es gerade die psychischen Krankheiten, die dazu führen, dass krankheitsbedingte bewilligte Frührenten zunehmen. Um eine Größenordnung abschätzen zu können, finden Sie hier die belegten Zahlen des Deutsche Rentenversicherung Bundes, ebenfalls aus dem Jahr 2018:

Demnach stiegen in den letzten 22 Jahren aufgrund von seelischen Leiden die bewilligten Frührenten von 18,6 Prozent auf sage und schreibe 43 Prozent an! Das bedeutet für die Volkswirtschaft Ausgaben in Milliardenhöhe.

Eine gesamtgesellschaftliche Aufgabe, denn wir alle als Gesellschaft müssen diesen Menschen helfen. Ein Sozialsystem, wie es Deutschland vorweisen kann, ist natürlich nur ein Grundpfeiler, um Erkrankten ein würdiges Leben zu ermöglichen. Jedoch führt dieses Bestreben noch nicht weit genug, denn Vorsorge ist immer besser als Nachsorge.

Die Bundesregierung, die Gesellschaft, aber auch wir als einzelne Individuen haben dafür Sorge zu tragen, dass es jedem einzelnen Menschen gut geht – allen voran uns selbst. Und das beginnt nicht bei politischen Entscheidungen, sondern bei uns selbst. Wir sind in erster Linie für uns selbst verantwortlich. Wir müssen unsere Gesundheit und unser Leben (wieder) selbstverantwortlich in die Hand nehmen, das umfasst auch die Abkehr von vermeintlich wichtigen Dingen, wie materielle Güter oder sich über die eigene Arbeit zu definieren. Achten wir lieber wieder zunehmend auf uns selbst und blicken in unser Innerstes. Erkennen wir erst einmal, was wir grundsätzlich im Leben brauchen, was uns guttut und förderlich für unsere Gesundheit ist, dann steht einem langen sowie glücklichen Leben nichts mehr im Wege.

DAMALS WIE HEUTE – HISTORISCHE ASPEKTE & GEGENWÄRTIGKEIT

Vor etwa 2.500 Jahren wurde in Nordindien ein Königssohn mit Namen Siddharta geboren. Im Alter von nur 29 Jahren gab er sein königliches Leben auf, um einen Weg zu finden, die Unzufriedenheit in der Welt mit all seinen Leiden zu heilen. Dieser Mensch wurde zu einem der inspirierendsten Spirituellen der Weltgeschichte. Aufgrund seiner Lehren entstand die buddhistische Religion.

Bereits mit 35 Jahren gelang Kronprinz Siddhartha der endgültige Durchbruch. Unter einem Baum sitzend, der später als „Bodhi-Baum – Baum der Erleuchtung", bekannt wurde, erlangte er Buddhaschaft (der Zustand eines erwachten Wesens bzw. der vollständigen Erleuchtung) und er wurde zum ersten Buddha: Shakyamuni Buddha. Wenn Sie sich schon immer gefragt haben, wofür der Begriff „Buddha“ eigentlich steht, dann bekommen Sie jetzt eine einfache sowie kurze Antwort – „Buddha“ kann als „der Erwachte“ übersetzt werden. Der Buddhismus betont dabei, dass Buddha kein göttliches Wesen oder gar ein Superheld war bzw. ist, sondern ein ganz gewöhnlicher Mensch. Daher ist er ein lebendiges Vorbild – nicht nur für Buddhisten, sondern für uns alle –, dass jeder von uns diese Erleuchtung erlangen kann. Eine der grundlegenden Wahrheiten des Buddhismus unterstreicht diese Weisheit, demnach sind wir alle grundsätzlich fähig, „Buddha“ zu werden.

Trotz der vielfältigen philosophischen Unterschiede bleibt der Buddhismus im Wesentlichen eine praktische Religion. Buddha wird oft als der „Große Arzt“ bezeichnet, weil er sich auf die Identifizierung der Ursachen des menschlichen Leidens und die Bereitstellung von Methoden zur Überwindung konzentriert hat, anstatt sich in abstrakten Spekulationen zu verlieren. Der von Buddha gelehrte Dharma gilt als starke Medizin zur Heilung der tiefen Unzufriedenheit, von der wir alle betroffen sind. „Die vier edlen Wahrheiten“, Buddhas bekannteste Lehre, umreißen die Ursachen des Leidens und die Mittel zu seiner Überwindung. Alle folgenden Lehren bauen auf diesen grundlegenden Wahrheiten auf. Näheres zu den „vier edlen Wahrheiten“ erfahren Sie in den nachfolgenden Kapiteln.

Im Zentrum aller wahren Dharma-Lehren steht die Auffassung, dass Leiden und Unzufriedenheit aus der Art und Weise entstehen, wie unser Geist auf die Umstände des Lebens reagiert, und nicht aus den Fakten des Lebens selbst. Der Buddhismus lehrt insbesondere, dass unser Geist unser Leiden verursacht, indem er Dingen Beständigkeit zuschreibt und ein separates Selbst konstruiert, wo in Wirklichkeit keines existiert. Die Realität ist ständig im Wandel. Wie der griechische Philosoph Heraklit von Ephesos (etwa 540 bis 480 v. Chr.) bereits zu sagen pflegte:

„Man kann nicht zweimal in denselben Fluss steigen, ...“

Vielleicht kennen Sie dieses bekannte Sprichwort bereits. In jedem Fall ist damit gemeint, dass Erfolg und Misserfolg, Gewinn sowie Verlust oder Komfort und Unbehagen eigentlich nur vorübergehende Zustände sind, die wir ohnehin nur begrenzt kontrollieren können – sie alle kommen und gehen. Wir können die Veränderungen nur begrenzt kontrollieren.

Der Grund für unser Leid liegt dann vielmehr in unserem unruhigen, verwirrten Geist, der die Realität verzerrt und uns letztendlich daran hindert, das Glück zu finden, nachdem wir eigentlich streben. Wir können unseren unruhigen sowie fehlgeleiteten Geist, der unsere Wahrnehmungen verzerrt, gegen die Realität ankämpft und uns dabei viel Stress und Leid verursacht, jedoch bis zu einem gewissen Grad kontrollieren und schließlich klären.

Der Schlüssel zum Glück, wie es der Buddha lehrte, liegt aber darin, uns auf das zu konzentrieren, was wir haben, anstatt uns auf das zu fixieren, was uns fehlt! Doch obwohl diese Lehren einfach erscheinen, sind sie für die meisten von uns schwer umzusetzen. Ein kleines Beispiel: Haben Sie jemals versucht, Ihren Geist zu beruhigen und Ihre Emotionen wie Wut, Eifersucht oder Angst zu kontrollieren, um in schwierigen Zeiten ruhig und gelassen zu bleiben? Kein einfaches Unterfangen, nicht wahr?

Es ist gar nicht so lange her, da war die Religion des Buddhismus in den westlichen Ländern nahezu unbekannt. Nur wenigen Menschen in den 50er bzw. 60er Jahren sagte der Begriff „Buddhismus“ etwas. Selbstverständlich gab es schon damals Schriften über die Lehren des Buddhismus und seine Bedeutung als Religion, unter anderem schrieben Arthur Schopenhauer (* 22. Februar 1788 in Danzig; † 21. September 1860 in Frankfurt am Main) und Paul Deussen (* 7. Januar 1845 im Westerwalddorf Oberdreis; † 6. Juli 1919 in Kiel) über den Buddhismus. Ebenso ließen sich mit Sicherheit zwei berühmte amerikanische Transzendentalisten unter anderem vom Buddhismus inspirieren: Im 19. Jahrhundert gab es eine Gruppe von Schriftstellern und Philosophen in den Vereinigten Staaten von Amerika, die sich aktiv für die Ideen des Transzendentalismus einsetzten.

Der **Transzendentalismus** war eine philosophische Bewegung, die die Vorstellung betonte, dass die Wahrheit nur durch die Intuition sowie das individuelle Erleben gefunden wird anstatt durch die Vernunft und die bloße Beobachtung der äußeren Welt. Klingt vertraut, nicht wahr? Transzendentalisten waren ebenso für ihre Unterstützung von Reformbewegungen wie für die Abschaffung der Sklaverei und der Frauenrechte berühmt. Einige bekannte Vertreter der Transzendentalisten sind die Journalistin und frühe Verfechterin des Feminismus Margaret Fuller sowie die amerikanischen Philosophen und Schriftsteller Ralph Waldo Emerson und Henry David Thoreau.

Die beiden Herren widmeten sich Themen wie der Natur, dem Individualismus und der Selbstverwirklichung. Obwohl sie nicht direkt über den Buddhismus schrieben, waren sie durch den Buddhismus in gewisser Weise inspiriert und wurden durch ihn beeinflusst. So lasen sie zum Beispiel die englischen Übersetzungen der buddhistischen Lehren und diese erworbenen Kenntnisse nahmen Einfluss auf ihre philosophische transzendentale Bewegung. Schlussendlich war es in den 50er bis 60er Jahren dennoch nur ein Bruchteil an Menschen, die in irgendeiner Form mit dem Buddhismus in Berührung kamen. Es war geradezu mühselig, mehr über diese wunderbare Religion zu erfahren. Mit etwas Glück konnte man als Student der Philosophie eine Vorlesung über den Buddhismus besuchen, aber das war äußerst selten der Fall. Solche Vorlesungen gab es ohnehin nur an großen und namhaften Universitäten.

In örtlichen Bibliotheken mussten Interessierte genau suchen, um mit etwas Glück ein Buch über die Lehren des Buddhismus zu finden. Es gab eben damals nur wenige Werke, die sich überhaupt dem Thema gewidmet hatten. Heutzutage kennt jeder jemanden in seinem Freundeskreis oder zumindest im entfernten Bekanntenkreis, der sich entweder selbst als Buddhist bezeichnet oder nach den Grundsätzen der buddhistischen Lehren leben möchte. Und eine Freundin, die Yoga für sich entdeckt hat, hat mittlerweile sicher auch bereits jeder von uns.

Der Buddhismus hat in den letzten Jahrzehnten einen beträchtlichen Einfluss auf die Pop-Kultur ausgeübt. Ein Beispiel dafür ist die weit verbreitete Praxis der Meditation, die von vielen Künstlern und Prominenten praktiziert wird. Zahlreiche Songtexte und Filme greifen buddhistische Konzepte und Ideen auf, wie zum Beispiel das Streben nach innerem Frieden und Glück. Auch in der Modeindustrie hat der Buddhismus Spuren hinterlassen, indem er eine Ästhetik hervorgebracht hat, die von asiatischen Motiven und Symbolen inspiriert ist. Darüber hinaus haben buddhistische Mönche und Lehrer oft Auftritte in Talkshows und geben Interviews über ihre Praktiken und Lehren. Insgesamt hat der Buddhismus auf verschiedene Weise Eingang in die Pop-Kultur gefunden. Stellvertretend sei hier der kanadische Singer-Songwriter, Schriftsteller, Dichter und Maler Leonard Cohen (* 21. September 1934 in Danzig; † 7. November 2016 in Los Angeles) aufgeführt, der zwar bereits in den 60er Jahren aktiv Musik machte, aber gerade in den 90er Jahren eine regelrechte Renaissance seiner Musik erfuhr. In seinen Werken spiegelt sich der buddhistische Glaube stark wider. Er selbst verschrieb sich den buddhistischen Lehren und nahm den Buddhismus als seine Religion an. Zeitweise zog er sich sogar als Mönch in ein Zen-Kloster zurück.

Bis heute inspiriert der Buddhismus Menschen in aller Welt dazu, sich mit seinen Lehren und Praktiken auseinanderzusetzen. Weiterhin finden sich heute zahlreiche Werke in Buchhandlungen sowie Bibliotheken, die sich mit buddhistischen Inhalten auseinandersetzen. Bücher des Dalai Lama finden sich sogar in den Bestsellerlisten wieder. In vielen kleinen und großen Universitäten können Studierende nun die fernöstlichen Lehren des Buddhismus analysieren, praktizieren und verstehen lernen.

Es gibt mehrere Gründe dafür, dass der Buddhismus seit Beginn der 90er Jahre weltweit an Bedeutung zugenommen hat. Zum einen wäre da die Globalisierung, denn dadurch fand und findet noch heute eine Vernetzung der Kulturen sowie Religionen statt. Menschen aus unterschiedlichen Teilen der Welt haben die Möglichkeit, den Buddhismus in seiner ganzen Vielfalt kennenzulernen und sich mit seinen Lehren auseinanderzusetzen.

Darüber hinaus sind Menschen immer auf der Suche nach spirituellen Inspirationen. Wie bereits im Kapitel „Äußere Fülle & innere Leere" erwähnt, leben wir in einer Zeit, die von Technologie und Konsum geprägt ist, und deswegen suchen die Menschen aktiv nach spirituellen Wegweisern. Der Buddhismus bietet einen solchen spirituellen Pfad, indem er Anhängern eine Philosophie des Mitgefühls, der Selbstreflexion und der inneren Ruhe anbietet.

Des Weiteren bietet der Buddhismus Techniken sowie Methoden an, die auf Menschen eine heilsame Wirkung besitzen. Diese Personen entdecken in den buddhistischen Praktiken grundlegende Hilfestellungen, um Stress abzubauen und die geistige Fitness zu fördern, wie zum Beispiel Meditation oder Achtsamkeitstraining. Die Anhänger vertrauen ferner auf den Buddhismus, da er sich seit mehreren Jahren bewährt hat und ihnen eine praktische Anleitung fürs Leben, Freiheit von Dogmatismus sowie einen ganzheitlichen Ansatz bietet. Er bietet in seinen Lehren praktische Anwendungen, die uns tatsächlich dabei helfen können, ein gesundes, erfülltes und glückliches Leben zu führen. Unerwähnt sollte ebenfalls nicht bleiben, dass der Buddhismus das Wohl aller Wesen anstrebt. Eine zentrale Idee der buddhistischen Lehren ist die Erleuchtung, das Ziel, das jeder Mensch erreichen kann, indem er seine eigenen Geisteskräfte entwickelt und seine wahre Natur erkennt. Aber dieser Weg zur Erleuchtung ist immer eine individuelle Angelegenheit und gleichzeitig beinhaltet dieser Weg ein tiefes Verständnis für das Leiden aller Wesen. Jeder, der diesen Weg beschreiten möchte, geht ihn in seinem ganz eigenen Tempo, durchlebt dabei unterschiedliche Erfahrungen und erfährt dadurch spezielle Erkenntnisse.

Im Buddhismus gibt es den Begriff des „Bodhisattva". Bodhisattva umschreibt eine Person, die sich selbstlos für das Wohl aller Wesen einsetzt und sich auf den Weg zur Erleuchtung begibt, um anderen zu helfen. Diese Idee des Bodhisattva steht im Mittelpunkt des Mahayana-Buddhismus. Am Ende ermutigt uns der Buddhismus, spirituelle Anstrengungen nicht nur auf uns selbst und unsere Lieben auszurichten, sondern auch auf das Wohl aller Wesen. Erreicht wird dies durch „Metta", dem liebevollen Mitgefühl. Ohne Mitgefühl kann Buddhismus nicht funktionieren bzw. praktiziert werden. Anderen mitfühlend zu begegnen und sich um ihr Wohlbefinden zu kümmern, ist eines der Kernthemen der buddhistischen Lehre. Indem wir unsere eigene spirituelle Entwicklung vorantreiben, gelingt es uns, anderen zu helfen, ihre eigene Erleuchtung zu erreichen. Der Buddhismus fordert uns auf, uns aktiv für das Wohl aller Wesen einzusetzen. Diese Idee hat letztlich auch konkrete Auswirkungen auf unsere täglichen Handlungen, sei es durch Freiwilligenarbeit, Spenden oder einfach durch freundliches und mitfühlendes Verhalten gegenüber anderen Menschen. Diese spirituellen Bemühungen können dazu beitragen, die Welt zu einem besseren Ort zu machen und das Leiden aller Wesen zu verringern.

Insgesamt ermutigt uns der Buddhismus, uns nicht nur um unsere eigene spirituelle Entwicklung zu kümmern, sondern auch um das Wohl aller Lebewesen. Indem wir unser Mitgefühl und unsere Weisheit nutzen, um anderen zu helfen, können wir dazu beitragen, eine bessere Welt zu schaffen und das Leiden aller Wesen zu verringern.

ES BEGINNT BEI MIR!

Die buddhistische Lehre zeigt uns auf, dass das Leben zwar voller Leiden und Schmerzen sein kann, aber dass dies nur geschieht, weil wir uns an Dinge klammern, die wir ohnehin nicht ändern oder kontrollieren können. Der Buddhismus hilft uns dabei, diesem Teufelskreis zu entgehen. In dieser Religion wird uns aufgezeigt, wie wir unser Verhalten und unsere Gedanken für einen guten Zweck lenken können. Das Ziel: Das Leiden zu beenden, damit wir unser Leben friedvoll und zufrieden leben können.

Die Lehren des Buddhismus spiegeln mehrere Techniken wider, die uns dabei helfen, unsere Persönlichkeit zu entwickeln. Eine der Methoden ist die Achtsamkeit. Wer es schafft, achtsam zu leben, zu denken und zu fühlen, der kann den jetzigen Moment genießen und macht sich keine Sorgen um die Zukunft oder mögliche Probleme. Vielmehr lehrt uns

Achtsamkeit, auf uns selbst, aber auch auf andere Menschen und auf unsere unmittelbare Umgebung zu achten. Eine andere Technik, die uns die buddhistischen Lehren aufzeigen, ist die Meditation. Die Meditation ist ein wesentlicher Bestandteil des Buddhismus. Sie unterstützt uns, unseren Geist zu beruhigen und gleichzeitig unser Bewusstsein zu erweitern. Kurz zusammengefasst sind Meditationen hilfreich für unsere Konzentration, aber wirksam gegen Ängste – sie befreien uns von unseren inneren Sorgen und begleiten uns in unserer persönlichen Entwicklung.

Nicht-Selbst bzw. Anatta ist ein weiteres Konzept der Buddhistischen Lehre. Unter Anatta verstehen Buddhisten, dass niemand von uns eine unveränderliche Seele besitzt. Vielmehr bestehen wir aus einem Körper, Geist sowie Emotionen. Dahinter steckt, dass wir uns noch zu sehr an die Vergangenheit klammern können. Wir verändern uns ständig und das bedeutet: Die Leiden der Vergangenheit müssen nicht die Leiden unserer Gegenwart sein und schon gar nicht die Leiden unserer Zukunft. Wir können uns ändern! Jederzeit! Wichtig ist, dass wir uns auf die Gegenwart fokussieren, mit dem Ziel, unsere Persönlichkeit weiterzuentwickeln.

Im Buddhismus gibt es auch fünf ethische Prinzipien, die Anhängern dabei helfen, ein geordnetes Leben führen zu können. Die fünf Grundsätze sind: nicht töten, nicht stehlen, nicht lügen, kein unangemessenes sexuelles Verhalten und kein Alkohol- oder Drogenkonsum. Wer diese Regeln einhält, der kann lernen, nicht nur sich selbst zu respektieren, sondern ebenso andere Lebewesen, und sich schlussendlich um das Wohl aller Wesen kümmern zu können. Mehr zu den fünf Prinzipien, auch Silas genannt, finden Sie im Kapitel „Die fünf Silas – die ethischen Prinzipien des Buddhismus“ in diesem Buch.

Ein weiterer großer Pluspunkt für die Religion Buddhismus ist die Tatsache, dass im Gegensatz zu anderen Religionen Buddha eben kein unnahbarer und unerreichbarer Gott ist. Buddha ist eine Inspiration. Er ist ein Mensch, der es schaffte, das Göttliche zu erreichen – obwohl Shakyamuni Buddha in seinem früheren Leben ohne Erleuchtung, genau wie wir, mit Defiziten und Problemen behaftet war. Erst mit großer

Anstrengung gelang es ihm, Buddha zu sein. Niemand von uns ist von Anfang an erleuchtet – selbst der erste Buddha kam nicht als Göttliches Wesen auf die Welt. Aber wie reiht sich eigentlich der Dalai Lama im buddhistischen Konstrukt ein? Steht er Buddha nahe oder ist er gar Buddha selbst? Um Ihnen diese Frage zu beantworten, ist es notwendig, sich kurz mit dem Leben des Dalai Lama zu beschäftigen:

Als geistliches Oberhaupt des tibetischen Buddhismus ist der Dalai Lama der wohl bekannteste buddhistische Führer weltweit. Der Titel „Dalai Lama" wurde erstmals im 16. Jahrhundert vergeben. Übersetzen lässt sich der Begriff „Dalai Lama" mit „Ozean des Wissens". Insgesamt gab es bisher 14 Dalai Lama. Der Dalai Lama wird im Gegensatz zu Shakyamuni Buddha, der vor mehr als 2.500 Jahren lebte, als menschliche Reinkarnation des Buddhas angesehen. Jeder „auserwählte" Dalai Lama ist dabei die Wiedergeburt des vorangegangenen Dalai Lama. Jede Wiedergeburt ist demnach bereits auf dem Wissensstand seines Vorgängers und zudem in der Lage, die Lehren des Vorgängers weiterzuentwickeln.

Es ist wichtig, zu verstehen, dass der wohl größte Unterschied zwischen Buddha und dem Dalai Lama die Art ihrer Entstehung ist. Shakyamuni Buddha wurde ja erst zum erleuchteten Buddha, weil er jahrelang meditierte und mit der Erforschung seiner Selbst zur Erleuchtung kam. Er hat sich seinen Titel als vollendeter Weiser quasi selbst verwirklicht. Hingegen wird der Dalai Lama von anderen Personen mithilfe einer komplexen spirituellen Suche und einer Reihe von Prüfungen auserwählt. Darüber hinaus unterzieht sich der gewählte Dalai Lama einer Ausbildung, um das Amt des geistigen Oberhaupts übernehmen zu können. An diesem Punkt wird langsam der Unterschied zwischen dem Buddhismus, welchen Shakyamuni Buddha praktizierte, und dem Buddhismus aus dem tibetischen Raum deutlich: Ursprünglich war die Philosophie hinter dem Buddhismus nicht dafür konzipiert worden, um einer höheren Macht oder gar Göttern zu huldigen. Der tibetische Glaube allerdings lässt den Glauben an höhere Wesen, also andere Gottheiten, zu.

Der weltliche Name des derzeitigen 14. Dalai Lama ist Tenzin Gyatso. Er wurde am 6. Juli 1935 in Tibet (Zentralasien) geboren. Im Alter von nur zwei Jahren erkannten die tibetischen Buddhisten ihn als die Wiedergeburt des 13. Dalai Lama an. Seine religiöse Ausbildung begann mit sechs Jahren. Mit 15 Jahren erkannte man ihn als den geistigen sowie politischen Führer Tibets an. Aufgrund der chinesischen Besatzung im Jahr 1959 musste der Dalai Lama nach Indien flüchten. Seitdem lebt er im Exil und setzt sich von dort für die Unabhängigkeit Tibets ein.

Der Dalai Lama steht für eine friedfertige Haltung und für den Dialog zwischen Kulturen und Religionen. Im Laufe seines Lebens hat der Dalai Lama viele Bücher geschrieben und Vorträge gehalten. Lesenswerte Bücher des Dalai Lama sind: „Das Buch der Menschlichkeit: Eine neue Ethik für unsere Zeit", „Freiheit in Exil: Die Autobiographie des Dalai Lama" und „Der Appell des Dalai Lama an die Welt: Ethik ist wichtiger als Religion". Im letzten Buch beschreibt er die Grundlage für den Weltfrieden und ruft zur Überwindung von Spaltungen auf. Es ging dabei immer um die buddhistische Philosophie und die Notwendigkeit von Ethik sowie Moral. Gleichzeitig zeigt er auf, wie diese alten Traditionen auf unser modernes Leben angewendet werden können. Trotzdem wirkt der Dalai Lama auf viele Menschen wie ein Mysterium, dessen Lehren nur schwer zugänglich sind. Aber seine Botschaft des Mitgefühls und der Wunsch nach Weltfrieden haben Millionen Menschen inspiriert. Mit Sicherheit wird der Dalai Lama auch weiterhin eine wesentliche Rolle spielen, wenn es darum geht, die Weisheit des Buddhismus mit der modernen Welt zu vereinen.

Überdies weist der Dalai Lama gerne auf die rationalen Aspekte der buddhistischen Lehren hin. Die praktische bzw. analytische Seite des Buddhismus vergleicht er gerne mit wissenschaftlichen Methoden. Wenn der Buddhismus keine Resultate hervorbringen würde, dann würden die Anhänger nur blind einem Glauben hinterherjagen. Die Akzeptanz für die buddhistische Lehre ist mehr oder weniger nur vorhanden, weil die Anhänger dieser Religion mit soliden Ergebnissen rechnen können. Der Ansatz des Buddhismus ist eben praxisbezogen und nicht idealistischer Natur. Er zeigt nur Dinge auf, die realistisch sind und jedem von uns im Alltag helfen können. Mithilfe der buddhistischen Lehren ist es uns allen möglich, einen friedlichen Geist zu bewahren und mit Problemen besser umgehen zu können. Und das wirkt auf viele Menschen sehr anziehend und deswegen entscheiden sie sich, dem buddhistischen Pfad zu folgen.

Letztlich beginnt Veränderung immer bei uns selbst. Der Buddhismus ist davon überzeugt, dass jeder von uns die Fähigkeit besitzt, sich zu verändern. Wenn Sie lernen, sich auf Ihre Gedanken, Handlungen sowie Emotionen zu fokussieren, dann können Sie negative Gewohnheiten ablegen. Buddha erkannte, dass der Schlüssel zur Veränderung unser Geist ist, den wir mit Achtsamkeit und Meditation lernen können, zu kontrollieren. Beginnen Sie damit, sich und Ihre Gedanken zu reflektieren, hinterfragen Sie Ihre Handlungen und nehmen Sie Ihre Emotionen bewusst wahr. Achten Sie jedoch darauf, sich nicht von Ihren Gedanken und Emotionen leiten zu lassen: Sie kontrollieren Ihren Geist – nicht Ihre Gedanken oder Emotionen!

In den nachfolgenden Kapiteln lernen Sie, wie Sie die buddhistische Praxis in Ihren Alltag integrieren können. Sie werden lernen, im Hier und Jetzt zu leben und sich nicht mehr von der Vergangenheit ablenken zu lassen, denn der Buddhismus lehrt uns, dass wir uns nicht mit der Vergangenheit verbunden fühlen müssen. Wir können uns jederzeit neu erfinden!

Die Grundsätze des Buddhismus

Zu den Lehren des Buddhismus gehören mehrere Aspekte, auf die wir im Laufe dieses Kapitels eingehen werden. Zum einen gibt es „Die vier edlen Wahrheiten", die uns den Weg zur Erleuchtung und zum inneren Frieden aufzeigen. Die vier edlen Wahrheiten des Buddhismus sind:

- „Leid existiert",
- „Ursache des Leidens ist die Sehnsucht nach dem Vergänglichen",
- „Es gibt einen Weg, das Leiden zu beenden" und dieser Weg ist
- „Der achtfache Pfad".

„Der achtfache Pfad“ wird ebenfalls als ein Kernkonzept des Buddhismus dargestellt und dient der Überwindung des Leidens. Er besteht aus den folgenden acht Schritten:

- „Der rechten Sichtweise“,
- „Der rechten Absicht“,
- „Der rechten Sprache“,
- „Der rechten Handlung“,
- „Des rechten Lebensunterhalts“,
- „Der rechten Anstrengung“,
- „Der rechten Achtsamkeit“ sowie
- „Der rechten Konzentration“.

Des Weiteren gehören zu der buddhistischen Lehre „Die fünf Silas“, welche die ethischen Prinzipien im Buddhismus beschreiben. Die fünf Silas helfen dabei, sich vor negativen karmischen Folgen zu schützen. Die fünf Silas sind:

- „nicht töten“,
- „nicht stehlen“,
- „keine sexuellen Fehltritte begehen“,
- „nicht lügen“ und
- „keine Drogen oder Alkohol zu sich nehmen“.

Ferner beschäftigen wir uns noch zusätzlich mit den „Drei Daseinsmerkmalen“ im Buddhismus, die das Wesen der menschlichen Existenz beschreiben. Sie werden auch als „Drei Siegel“ bezeichnet. Die drei Daseinsmerkmale sind „Anicca“ (das Konzept für die Unbeständigkeit oder Vergänglichkeit alles Seienden), „Dukkha“ (Leiden) und „Anatta“ (Nicht-Selbst). Diese drei Siegel dienen als Ausgangspunkt für die buddhistische Praxis und die Erkenntnis der wahren Natur der Realität.

BUDDHISMUS – EINE RELIGION?

Zunächst erscheint die Einstiegsfrage dieses Kapitels seltsam, denn warum sollte der Buddhismus keine Religion sein? Er ist doch fest verankert auf der Liste der wichtigsten Weltreligionen, neben Islam, Christentum, Judentum und Hinduismus. Niemand würde anzweifeln, dass die eben benannten anderen Religionen keine Religionen sind. Aber im Zusammenhang mit dem Buddhismus taucht die Frage, ob „ja oder nein", immer einmal wieder auf. Warum das so ist? Vermutlich liegt es daran, dass die Menschen im Zusammenhang mit einer Religion vor allem den Glauben an Gott verstehen, und dieser Fakt ist beim Buddhismus nur bedingt gegeben. Wörterbücher oder Lexika greifen diesen Gedanken ebenfalls auf:

„Religion ist der Fachbegriff für Gemeinschaften, die eine gemeinsame Erklärung für die Welt teilen und an eine übernatürliche Kraft glauben. Schon immer waren die Menschen auf der Suche nach Erklärungen für ‚Gott und die Welt'."

Wäre dies tatsächlich die einzige Definition von „Religion", dann wäre der Buddhismus definitiv keine davon. Zwei Gründe unterstreichen diesen Gedanken: Auf der einen Seite wird im Buddhismus kein Gott verehrt, der eine übernatürliche Macht darstellt. In den meisten buddhistischen Lehren ist „Gott" als Wesen vollkommen abwesend. Deshalb könnte man scherzhaft sagen, dass der Buddhismus die perfekte Religion für Atheisten wäre. Auf der anderen Seite unterliegt der Buddhismus keinem festen Glaubenssystem. Gewiss hat er grundlegende Prinzipien, aber die besagen nicht, dass wir blind glauben sollen. Im Gegenteil, die meisten buddhistischen Lehrer ermutigen ihre Schüler sowie Schülerinnen dazu, aktiv eine eigene Meinung und Einstellung zu bilden. Sie dürfen sogar die empfangenen Lehren Buddhas anzweifeln, wenn ihnen bestimmte Ansätze missfallen. Im Grunde sollen die Lernenden die buddhistischen Lehren weder automatisch ablehnen noch passiv akzeptieren. Vielmehr sollen sie ihr eigenes Urteilsvermögen anwenden und selbst prüfen, ob sie mit ihren eigenen Erfahrungen oder denen von anderen übereinstimmen. Der Rat des Dalai Lama ist deswegen oftmals:

„Wenn Sie meinen, dass die Lehren zu Ihnen passen, wenden Sie sie, soweit Sie können, auf Ihr Leben an. Wenn sie nicht zu Ihnen passen, lassen Sie sie einfach sein."

Und selbst Shakyamuni Buddha erklärte einst:

„Akzeptiert nichts, was ich sage, als wahr, einfach weil ich es gesagt habe, sondern prüft es, wie ihr Gold prüfen würdet, um zu sehen, ob es echt ist oder nicht. Wenn ihr nach der Prüfung meiner Lehren meint, sie seien wahr, setzt sie in die Praxis um. Aber tut dies nicht einfach aus Respekt mir gegenüber."

Diese Haltung macht die buddhistischen Lehren besonders für Menschen aus den westlichen Ländern attraktiv. Obwohl die Religion auf eine 2.500 Jahre alte Historie zurückblicken kann, bietet sie einen modernen Ansatz, der den Geist der Skepsis und sogar wissenschaftliche Methoden zulässt. Buddhismus verlangt von uns nicht nur, dass wir uns mental, emotional und spirituell mit unserem Geist sowie unseren Fähigkeiten, sondern gleichfalls mit unserer Intelligenz auseinandersetzen. Niemand soll blind den Glauben übernehmen, den uns buddhistische Autoritäten vorgeben. Wenn der Buddhismus keine Gottheit und kein dogmatisches Glaubenssystem in den Mittelpunkt stellt, warum wird er dann überhaupt als eine Religion eingeordnet?

In einem TV-Beitrag und in dazugehörigen Online-Artikeln fasst die Sendung „Galileo" auf Pro7 die Thematik so zusammen:

„Der Buddhismus ist eine Erfahrungs-Religion, so wie Hinduismus und Taoismus. Das Ziel ist die Entwicklung des eigenen Geistes. Christentum, Islam und Judentum sind dagegen Offenbarungs-Religionen: Ein allmächtiger Gott offenbart dort seinen Willen."

Der Buddhismus ist eher eine Religion der Erfahrung und eben nicht wie bei den anderen Weltreligionen eine Offenbarungs-Religion. Zudem gibt der Buddhismus wie die restlichen Religionen Antworten auf die wichtigsten Fragen des Lebens: „Warum existiere ich?“, „Was macht mich aus?“, „Worin liegt der Sinn des Lebens“, „Warum müssen wir leiden?“ und „Wie kann ich glücklich werden?“. Darüber hinaus bietet der Buddhismus praktische Techniken und Methoden an, um eine tiefere Bewusstseinsstufe zu erlangen, bis hin zum vollkommenen Erwachen, welche uns ermöglicht, unsere eigene Wahrheit zu erkennen.

Einige buddhistische Lehren betonen das Erwachen intensiver als andere, die dem Erwachen eher eine nachgeordnete Priorität zuweisen. Der Buddhismus ist deshalb so beliebt, weil niemand extra einer buddhistischen Organisation beitreten muss, um von den Praktiken der buddhistischen Lehre zu profitieren. Aus diesem Grund lässt sich der Buddhismus ziemlich einfach in das eigene Leben integrieren, ohne sich der Religion anschließen zu müssen.

Bereits in der griechischen Antike erkannte Sokrates, dass ein Leben ohne Reflexion nichts wert ist. Buddhisten würden dem Vater der westlichen Philosophie mit Sicherheit zustimmen, denn auch im Buddhismus sind Selbstreflexion und die Fähigkeit, reflektiert auf die Umgebung zu reagieren, feste Bestandteile des buddhistischen Denkens. Der philosophische Aspekt in der buddhistischen Religion nimmt daher einen größeren Raum ein als bei den anderen Weltreligionen. Als Basis für die umfassende Kenntnis über das Sein dienen dem Buddhismus immer die Selbstbewusstheit und die direkte persönliche Erfahrung bzw. Untersuchung. Wie bei allen Religionen hat sich im Laufe der Jahrtausende der Buddhismus in mehrere Traditionen bzw. Konfessionen aufgesplittet. Der Buddhismus lässt sich zum Beispiel in verschiedene Schulen, wie Theravada, Mahayana und Vajrayana, die jeweils ihr eigenes spezifisches Verständnis der Lehren Buddhas und dessen Praktiken besitzen, unterteilen. Trotz der Differenzen bleibt der Buddhismus in all seinen Formen im Kern immer eine durchaus praktische Religion. Shakyamuni Buddha war bereit, die Methoden mit anderen zu teilen, sodass jeder von uns in der Lage ist, seinen Geist selbst zu heilen. Überdies lässt sich so manche körperliche Beschwerde mithilfe der buddhistischen Lehren kurieren, denn sie tragen dazu bei, den Geist zu beruhigen sowie negative Emotionen wie Angst, Stress und Unruhe zu reduzieren. Gleichzeitig haben sie eine positive Wirkung auf unseren Körper und unsere Gesundheit. Eines der wichtigsten Werkzeuge im Buddhismus dafür ist und bleibt die Meditation. Wie bereits erwähnt, tragen regelmäßige Meditationen dazu bei, Ihren Geist zu beruhigen und zu lenken. Als Ergebnis wird sich Ihr Wohlbefinden steigern. Die Praxis des Buddhismus führt in jedem Fall zu einem gesünderen Lebensstil, da beispielsweise eine vegetarische oder vegane Ernährung gefördert und Yoga sowie Tai-Chi in den Alltag integriert werden können. All das kann Ihrem Körper dabei helfen, sich trotz Widrigkeiten zu regenerieren. Selbst die Heilung von Krankheiten ist mithilfe der buddhistischen Lehren möglich.

Wenn auch Sie von den Lehren Shakyamuni Buddha profitieren möchten, werden Sie dank dieses Buches wichtige Ansätze und Hilfestellungen entdecken, wie Sie beispielsweise Ihr Leben ethisch lenken können, um ein glückliches und zufriedenes Leben führen zu können. Ein wichtiges Konzept in der buddhistischen Lehre ist „Karma": Karma entspricht der Idee, dass all unsere Handlungen bestimmte Konsequenzen nach sich ziehen. Wenn Sie gute Absichten haben und anderen helfen möchten, dann sorgt Ihr Karma dafür, dass auch Ihnen Gutes widerfährt. Handeln Sie hingegen böswillig oder mit schlechten Absichten, dann wird das Karma Sie dafür bestrafen.

„Alle Handlungen, alle Werke, alles Karma, gehören zur Natur, nicht zum Göttlichen. Der Mensch ist es, der sein irdisches Los bestimmt. Die Menschen besiegeln ihr Schicksal selbst."
(Zitat von Bhagavadgita)

DIE VIER EDLEN WAHRHEITEN

Die erste Lehre, die Shakyamuni Buddha seinen Schülern beibrachte, waren „Die vier edlen Wahrheiten“. Hinter den „vier edlen Wahrheiten“ verbergen sich die tiefgreifenden Kenntnisse über das Universum, die Prinz Siddhartha einst unter dem Baum der Erleuchtung erlangte – entdeckte –, nur durch sein Bemühen um Erleuchtung! „Die vier edlen Wahrheiten“ gehören seitdem zu den wesentlichsten Lehren des Buddhismus. Ohne die „vier edlen Wahrheiten“ hätte der Buddhismus sich kaum so entwickeln können, wie er sich schlussendlich herausbildete. Buddhisten hätten keine Anleitung, um dem Leiden im Leben zu begegnen – bis hin zur Befreiung davon. Gelingt es Menschen, die „vier edlen Wahrheiten“ ins eigene Leben zu integrieren und diese regelrecht zu kultivieren, dann erlangt die Menschheit ein tieferes Verständnis des menschlichen Daseins. Um dies zu erreichen, ist es wichtig, dass wir uns darum bemühen, nach Mitgefühl sowie Weisheit zu streben sowie unsere Gedanken mit unseren Handlungen in Einklang zu bringen. Nur dann können wir die Wahrheit erkennen und sind auf dem Weg zur vollkommenen Erleuchtung. Wenn Sie derzeit auf einer Entdeckungsreise mit sich selbst sind, dann können Sie die „vier edlen Wahrheiten“ zu Ihrem Leitstern werden lassen. Ein erfülltes sowie sinnvolles Leben wartet auf Sie. In diesem Leben befreien Sie sich von allen Leiden und verbessern nicht nur die Beziehung zu sich selbst, sondern auch zu den Menschen in Ihrer Umwelt. Da Sie beginnen, Ihr Leid zu akzeptieren und diesem auf „Augenhöhe“ zu begegnen, gelingt es Ihnen, Herausforderungen im Leben nach Belieben zu transformieren, um Ihren Geist den Gegebenheiten anzupassen. Im Grunde sind die „vier edlen Wahrheiten“ keine Aussagen – es sind Aufgaben, denen jeder von uns nachgehen sollte. Die erste Aufgabe besteht darin, Leiden zu erkennen, zu spüren und zu verstehen. Das Leben hat nun einmal seine Höhen und Tiefen. Körperliche, geistige oder emotionale Schmerzen gehören zum Leben genauso dazu, wie Freude, Erfüllung und Zufriedenheit zu verspüren. Wenn wir zum Beispiel einen geliebten Menschen verlieren, nahestehende Angehörige pflegen müssen oder den Hürden des Älterwerdens begegnen, dann zeigt uns der Buddhismus ganz klar, dass sich Leid auf der Welt nicht vermeiden lässt. Vielmehr ist es sogar so, dass das Leid ein Bestandteil eines natürlichen Lebens ist. Eine der größten Herausforderungen besteht jedoch darin, sich darüber erst einmal bewusst zu werden, dass das Leid als ein Teil des Lebens zu klassifizieren ist.

Die zweite Aufgabe besteht darin, die Ursachen für das jeweilige Leiden loszulassen, das können unter anderem sein: Verblendung, Gier, Besitz, Macht, Ansehen sowie Hass. Und jeder Mensch, der nach den Ursachen des Leidens strebt, wird unweigerlich enttäuscht oder unzufrieden sein. Im Übrigen taucht im Buddhismus als Begriff für die Ursache des Leidens „Tanhā" auf. Frei übersetzt bedeutet „Tanhā" in etwa „Begehren", „Gier" oder „Verlangen". Erst wenn wir die Ursachen für das Leid erkennen und lernen, loszulassen, können wir unser Leiden verringern.

Bei der dritten Aufgabe geht es darum, dass wir auf Probleme, Herausforderungen oder Schwierigkeiten nicht aufgewühlt oder emotional reagieren. Dadurch erreichen wir nämlich das Ende des Leidens – ganz im Sinne der buddhistischen Lehre. Wenn wir nicht emotional auf unsere Wünsche und Bedürfnisse, aber insbesondere auf Leid, reagieren, können wir inneren Frieden finden. Der Weg dorthin ist jedoch nicht einfach und erfordert eine bewusste Anstrengung, um die Muster des Verlangens in unserem Geist zu durchbrechen.

Und die letzte und vierte Aufgabe, die uns die „vier edlen Wahrheiten" stellen, ist, dass wir uns mithilfe des „Achtfachen Pfades" endgültig von allen Leiden befreien. „Der achtfache Pfad" stellt uns dabei Methoden zur Verfügung, die sowohl ethischer als auch meditativer Natur sind. Dazu gehören zum Beispiel die Stärkung des Geistes, die Ausarbeitung von Weisheit sowie Mitgefühl und das Erlernen von Meditationspraktiken. Mehr zum „Achtfachen Pfad" gibt es im anschließenden Kapitel. Durch die „vier edlen Wahrheiten" können Sie Ihrem Leben und Ihren Gedanken sowie Emotionen eine völlig neue Richtung geben. Der Buddhismus hilft Ihnen dabei, die umfassende Philosophie in die Praxis umzusetzen. Überwinden Sie jegliches Leiden, indem Sie die Leiden erkennen, die Ursachen meiden und dem „Achtfachen Pfad" folgen.

DER ACHTFACHE PFAD

Traditionell lässt sich „Der achtfache Pfad" in drei Gruppen unterteilen: Sicht, Verhalten sowie Meditation. Die erste Gruppe, „Sicht", umschreibt unseren Blick auf die Welt, aber auch auf unsere Weltanschauung und die Art, wie wir emotional mit diesen verbunden sind. In der zweiten Gruppe, „Verhalten", sammelt sich alles, was mit unserem Verhalten selbst zu tun hat, zum Beispiel, wie wir reden, wie wir uns geben und wie wir unseren Lebenserwerb gestalten. „Meditation" bildet die letzte Gruppe, in dieser geht es um unser Bemühen, unsere Achtsamkeit und unsere Fähigkeit, uns und unseren Geist so zu sammeln, dass wir uns auf das Wesentliche sowie Sinnvolle im Leben fokussieren können. In welcher Reihenfolge letztendlich alle drei Gruppen sowie die dazugehörigen acht Pfade, oder auch Grundsätze genannt, auftreten, ist, je nach Bedürfnis und Kontext, unterschiedlich. Sie dürfen bei der Anwendung des „Achtfachen Pfads" nicht den Fehler machen, diesen als Stufenleiter zu verstehen. Vergleichbar sind die acht Grundsätze eher mit den Speichen eines Fahrrads. Alle acht Pfade sind demnach gleichwertig zu betrachten. Wir brauchen alle acht Speichen, um unser Leben nach den buddhistischen Lehren auszurichten.

Üblicherweise beginnt das Praktizieren des Buddhismus mit dem ethischen Verhalten. Erst wenn wir uns grundsätzlich richtig verhalten, kann Meditation wirksam sein und Einsicht erfolgen. Aus diesem Grund versteht man unter den ersten Grundsätzen des „Achtfachen Pfades", unser ethisches Verhalten zu optimieren und zu verbessern. Wenn es nun darum geht, Körper und Geist in einen meditativen Zustand zu versetzen, können sich dank des vorangegangenen richtigen Verhaltens unser Körper sowie unser Geist schneller entspannen. Fällt uns die Meditation leichter, erlangen wir schneller umfassende Einsicht. Stabilisierung im Leben erreichen wir nur, wenn wir den ethischen Regeln folgen.

„Der achtfache Pfad" ist zwar in seiner vorgegebenen Reihenfolge nicht zwingend anzuwenden, aber im Grunde ist er schon eine empfohlene Reihenfolge. Trotzdem kommt es im Leben immer einmal wieder vor, dass einer der Speichen mehr Aufmerksamkeit gewidmet werden muss als den anderen – selbst, wenn alle acht Speichen gleichwertig zu betrachten sind. Greifen Sie sich den Grundsatz heraus, den Sie gerade für Ihr Leben am meisten benötigen, aber streben Sie dennoch an, alle acht Pfade zu meistern.

1. Grundsatz: „Die richtige Sichtweise"

Hinter der richtigen Sichtweise verbirgt sich „Die Lehre Buddhas richtig verstehen".

Shakyamuni Buddha selbst erklärt den ersten Pfad folgendermaßen:

„Was, Mönche, ist rechte Ansicht? Es ist, Mönche, die Kenntnis des Leidens, die Kenntnis vom Ursprung des Leidens, die Kenntnis von der Aufhebung des Leidens und die Kenntnis von dem zur Leidensaufhebung führenden Weg. Dies, Mönche, nennt man rechte Ansicht."

Sie haben es richtig erkannt, um Buddhas Lehren zu verstehen, müssen wir die „vier edlen Wahrheiten" kennen. Wir sind auf dem richtigen Weg, wenn wir das Leben, die Welt und die darin vorhandene Natur als das anerkennen, was sie eigentlich sind. Es geht darum, zu verstehen, wie die Realität tatsächlich funktioniert. Das gelingt nur, wenn wir beginnen, uns sowie unsere Umgebung zu beobachten und den „Achtfachen Pfad" zu beschreiten. Ferner lässt sich „Die richtige Sichtweise" mit „Der rechte Blick", „Das rechte Verstehen" oder „Die rechte Perspektive" gleichsetzen. Wenn Sie „Die rechte Sichtweise" erlangt haben, dann werden Sie daraus gestärkt hervorgehen und ein Leben im Einklang mit sich selbst sowie Ihrer Umwelt leben. Sie werden die menschliche Existenz mit all ihren Leiden verstehen und an die Hand bekommen, wie Sie die Fesseln

Ihres eigenen Verstandes lösen können. „Die rechte Sicht" gibt eine Richtung vor und hilft uns, die anderen sieben Grundsätze zu beschreiten.

Des Weiteren gibt es zwei verschiedene Arten „Der richtigen Sichtweise": Einerseits besitzen Menschen die „Sicht mit Makel" und wiederum andere Personen eine „Sicht ohne Makel". Erstere Variante ist ziemlich stark verbreitet. Hierbei haben die Anwender eine begrenzte Wahrnehmung ihrer Umgebung und sind mit konditionierten Denkmustern behaftet. Wer diese Sichtweise einnimmt, der ist nicht frei von Vorurteilen, falschen Annahmen oder persönlichen Interessen. Die „Sicht ohne Makel" hingegen zeigt einen unvoreingenommenen Blick auf die Welt. Die eigene Vorstellung oder der eigene Wahrnehmungsfilter beeinflusst diese Sichtweise in keinerlei Aspekt. Jetzt verstehen Sie, warum die „Sicht ohne Makel" nur wenige Menschen praktizieren. Es ist einfach schwierig, sich komplett von seinen eigenen Werten, Bedürfnissen und Denkweisen zu lösen.

„Die rechte Sichtweise" leuchtet für uns den Pfad aus, sodass wir nicht fehlgeleitet werden, durch Unverständnis, Chaos oder irregeführtes Kopfzerbrechen. Betrachten Sie diesen ersten Grundsatz als einen flexiblen Geist, der keine starre Meinung bzw. Position zulässt. Der erste Grundsatz ist die Freiheit, die in uns allen ruht, und kein unliebsames Hindernis, das es zu überwinden gilt. Wenn Sie die „vier edlen Wahrheiten" verwirklichen, dann kann Sie „Die rechte Sichtweise" schlussendlich dabei unterstützen, Ihre Wahrnehmung auf die Welt zu verändern. Sie erlangen eine tiefere Einsicht in die Wirklichkeit. Nützlich ist dabei die „Sicht ohne Makel". Sie lehrt uns, uns von Vorurteilen und starren Denkmustern zu befreien, mit dem Ziel, die Welt so zu präsentieren, wie sie in der ungeschönten Realität ist. Dadurch lernen wir, dass alles im Leben vergänglich sowie unbeständig ist. Buddhismus unterliegt immer der metaphysischen Wahrheit und bietet dafür einen pragmatischen Ansatz an. Geleitet durch die „vier edlen Wahrheiten", zeigt uns „Die rechte Sichtweise" ganz ohne Schnörkel den rechten Weg zur Erleuchtung.

2. Grundsatz: „Die rechte Gesinnung"

„Die rechte Gesinnung“ hat im Buddhismus eine ganz andere Bedeutung. Sie ist gleichzusetzen mit „Die richtige Gesinnung“ oder „Die wahre Gesinnung“, daher geht es bei der „Rechten Gesinnung“ um das ethische Prinzip und das Verständnis unserer Existenz. Ferner ist es im Buddhismus eine Methode, Leid auf der Welt zu beenden, indem jeder für sich den „Achtfachen Pfad“ überwindet. Die Gesinnung bildet die moralische Basis, um alle folgenden Praktiken richtig anzuwenden, aber diese ebenfalls zu beherrschen. Schädliche Emotionen, Gedanken, Gefühle und Verhaltensweisen müssen dafür vermieden werden. Eine „Rechte Gesinnung“ in den buddhistischen Lehren bedeutet, eine positive Einstellung gegenüber allen Lebewesen auf der Erde zu haben. Vorurteile haben hierbei keinen Platz.

Beim Buddhismus liest man im Zusammenhang mit der „Rechten Gesinnung“ von gleichsamen Synonymen wie „Der richtige Entschluss“, „Der rechte Gedanke“ oder „Das rechte Bestreben“. Die Absicht dahinter: sich nach nichts sehnen und wunschlos glücklich sein.

So sprach Buddha einst:

„Und was, Mönche, ist die rechte Gesinnung?
Es ist, Mönche, die Gesinnung zur Entsagung, die Gesinnung zum Wohlwollen und die Gesinnung zur Nichtschädigung (anderer Wesen).
Das, Mönche, nennt man die rechte Gesinnung.“

Auf diesem Teil des Pfades sollen Praktizierende sich bemühen, sich von unethischen sowie falschen Eigenschaften abzuwenden. Dank der „Rechten Sicht“ und der „Der rechten Gesinnung“ kann jeder von uns jederzeit „Gutes“ vom „Bösen“ unterscheiden. Es gibt eine große Sammlung von buddhistischen Lehrreden, die Pali-Kanon genannt wird und aus der Zeit des Theravada-Buddhismus stammt.

Theravada-Buddhismus

Der Theravada-Buddhismus ist eine buddhistische Tradition, die sich auf die direkte Lehre Buddhas konzentriert. Er betont die individuelle Erleuchtung durch Meditation und Ethik. Der Fokus liegt auf der Überwindung des Leidens sowie auf der Erreichung des Nirvana (Endziel des Lebens als Zustand völliger Ruhe) durch die Befreiung von Verlangen, Hass und Ignoranz. Die Theravada-Tradition ist vor allem in Sri Lanka, Thailand, Myanmar, Kambodscha sowie Laos stark verbreitet. Sie folgt dem Pali-Kanon als zentralem Text und glaubt an die Wiedergeburt als Teil des Kreislaufs des Karmas. Die Praxis umfasst auch die Verehrung von Buddha und anderen Heiligen sowie das Studium der buddhistischen Schriften.

Der Name Pali-Kanon setzt sich aus den folgenden Umständen zusammen: Pali ist zum einen die älteste bekannte Sprache der buddhistischen Literatur und im Kanon selbst finden sich alle Schriften dieser frühen Sprache wieder. Insgesamt besteht der Pali-Kanon aus drei Körben mit Textsammlungen. Der erste Korb bezieht sich auf die monastische Disziplin (Vinaya Pitaka), der zweite Korb enthält die Reden Buddhas höchstselbst (Sutta Pitaka) und der dritte Korb beinhaltet die höheren Lehren des Buddhismus (Abhidhamma Pitaka).

Die Erklärung des zweiten Grundsatzes des „Achtfachen Pfads“ im Pali-Kanon lautet:

„Und was ist rechter Entschluss? Entschlossen zu sein zur Entsagung, zur Freiheit von krankem Willen, zur Unbedenklichkeit: Das wird rechter Entschluss genannt.“

Dies kann so interpretiert werden, dass der spirituelle Weg mit dem Bekenntnis zur Gewaltlosigkeit gegenüber anderen Lebewesen und dem Verzicht auf weltliche Begierden einhergeht.

3. Grundsatz: „Die rechte Rede"

Wer sich ethisch korrekt verhalten und nach den buddhistischen Lehren leben möchte, der sollte „Die rechte Rede" verinnerlichen. „Die rechte Rede" bezieht sich auf unseren Gebrauch der Sprache. Grobe, verletzende Worte, schlecht über jemanden zu reden oder zu lügen werden hierbei vermieden:

- keine falschen Aussagen machen
- keine absichtlichen Lügen
- keine zweideutigen Aussagen tätigen
- keine diffamierenden Äußerungen tätigen
- keine bösartigen Worte gegenüber anderen verwenden
- etc.

„Die rechte Rede" ist das erste Prinzip des ethischen Verhaltens auf dem „Achtfachen Pfad". Ethnisches Verhalten dient immer als Richtlinie für unser Moralverständnis und unterstützt die restlichen Grundsätze auf dem Pfad.

Buddha ordnet „Die rechte Rede" folgendermaßen ein:

„Und was, Mönche, ist rechte Rede? Das Vermeiden von Lüge, das Vermeiden von Verleumdung, das Vermeiden barscher Worte, das Vermeiden von Klatsch."

Eine mentale Reinigung findet demnach nur statt, wenn wir ethisches Verhalten kultivieren und es als Notwendigkeit ansehen, um selbst zu wachsen und schlussendlich den Weg der Erleuchtung zu gehen. Wir sollten niemals vergessen, wie stark Worte wirken können:

- Worte können einen Freund zum Feind machen,
- Worte können einen Krieg auslösen oder für Frieden sorgen,
- Worte können Leben zerstören oder retten
- usw.

Wenn Sie die Lehre Buddhas annehmen möchten, sollten Sie Ihre Worte mit Bedacht wählen. Seien Sie freundlich, sprechen Sie immer die Wahrheit aus und vermeiden Sie Zweideutigkeiten. Wählen Sie keine harten Worte, die andere verletzen oder beleidigen könnten. Setzen Sie nicht auf inhaltsleere Reden, die ohne Bedeutung oder Tiefgang sind.

4. Grundsatz: „Die rechte Handlung"

Nach Worten folgen bekanntermaßen Taten. „Die rechte Handlung" kann ebenso als „Rechte Führung" oder „Richtige Handlung" ausgelegt werden. Angehende Buddhisten lernen durch diesen Grundsatz, sich selbst so zu konditionieren, dass ihren Taten immer ehrenvolle Absichten zugrunde liegen. Schaden ist von anderen Lebewesen abzuwenden. Lebenden Kreaturen darf beispielsweise nicht das Leben genommen werden. Im Übrigen schließt dies den Selbstmord ein. Ferner bedeutet es: Man darf nicht stehlen, lügen oder untreu sein. Ähnlich wie „die Zehn Gebote" im Christentum betont ebenso der vierte Grundsatz der buddhistischen Lehre die Wichtigkeit des Friedens und der Harmonie des gesellschaftlichen Miteinanders.

Die Zehn Gebote des Christentums umfassen:

1. Ich bin der Herr, dein Gott. Du sollst keine anderen Götter neben mir haben.
2. Du sollst den Namen des Herrn, deines Gottes, nicht missbrauchen.
3. Gedenke des Sabbattages und heilige ihn.
4. Du sollst deinen Vater und deine Mutter ehren.
5. Du sollst nicht töten.
6. Du sollst nicht ehebrechen.
7. Du sollst nicht stehlen.
8. Du sollst nicht falsch gegen deinen Nächsten aussagen.
9. Du sollst nicht begehren deines Nächsten Haus.
10. Du sollst nicht begehren deines Nächsten Frau, Knecht, Magd, Rind oder Esel noch alles, was dein Nächster hat.

Unsere Handlungen sind ein Stück weit ein Ausdrucksmittel unseres Körpers und unseres Geistes. Ungesunde Aktionen können sowohl unseren Gesundheitszustand und im schlimmsten Fall ebenso unseren Körper sowie unseren Geist in Mitleidenschaft ziehen.

Zusammengefasst in den Worten Buddhas:

„Und was, ihr Mönche, ist rechtes Verhalten? Enthalten vom Töten, Enthalten vom Nehmen dessen, was einem nicht gegeben wurde, Enthaltung von Zügellosigkeit in sexuellen Dingen."

Bemühen Sie sich deswegen, sich jederzeit mitfühlend sowie freundlich zu verhalten. Respektieren Sie andere Mitmenschen und Lebewesen. Pflegen Sie jegliche Beziehungen zu anderen Menschen – auch sexuelle – auf Augenhöhe.

5. Grundsatz: „Der rechte Lebenserwerb"

Im fünften Grundsatz „Der rechte Lebenserwerb" sollten Praktizierende der buddhistischen Lehren keine Berufe bzw. Beschäftigungen ausüben, die anderen Lebewesen Schaden zufügen. Das gilt für direkten, aber auch für indirekten Schaden. Zum Beispiel werden immer noch Tierversuche für Kosmetikartikel oder Arzneimittel durchgeführt. Ein bekennender Buddhist würde höchstwahrscheinlich nicht den Beruf des „Make-up-Artist" oder „Pharma-Vertreter" wählen. Gleiches gilt für den Beruf der Fleischereifachangestellten.

Hierzu ein Ausschnitt aus dem Pali-Kanon:

„Und was ist der rechte Lebenserwerb? Da gibt es den Fall, wo ein Schüler der Edlen, nach dem Abschwören vom unehrlichen Lebenserwerb, sein Leben mit dem richtigen Lebenserwerb fortsetzt: Dies wird der rechte Lebenserwerb genannt."

Im Prinzip ist es zwar ganz einfach, zu verstehen: „Die richtige Lebensweise", wie es in manchen buddhistischen Schulen heißt, leitet uns an, nichts auszuüben, was anderen Lebewesen einen Schaden zufügen kann. Aber am Ende ist es gar nicht so leicht, zu sagen, welche Tätigkeiten wirklich niemandem schaden. Bei einigen Berufen ist es offensichtlich, bei anderen weniger.

Buddha selbst fand diese Worte:

„Wer, Mönche, ist eine Person, die andere peinigt, die darauf aus ist, anderen Wesen Qualen zuzufügen? Das ist, Mönche, eine Person Hammelschlächter, Schweineschlächter, Geflügelschlächter, Fallensteller, Jäger, Fischer, Dieb, Scharfrichter, Kerkermeister oder jemand, der einem anderen blutigen Beruf nachgeht."

Außerdem sprach er von fünf falschen Arten, Geschäfte zu betreiben:

„Fünf Arten des Handels sollte ein Laienbekenner nicht betreiben. Welche fünf? Den Handel mit Waffen, den Handel mit Lebewesen, den Handel mit Fleisch, den Handel mit berauschenden Getränken und den Handel mit Giften."

Hierbei handelt es sich um den Handel mit:

- Gegenständen/Waffen, die für die Tötung von Lebewesen ausgelegt sind
- Gift, bei dem alle Arten von Produkten eingeschlossen sind, die zum Töten von Lebewesen gedacht sind
- Fleisch, was bedeutet, dass der Handel mit den Körpern von getöteten Lebewesen sowie die Aufzucht von Tieren für den Verkauf des Fleisches gemeint sind
- Menschen, wie beispielsweise Sklavenhandel, Prostitution oder der Handel mit Kindern oder Erwachsenen
- Rauschmitteln, bei denen es um die Herstellung und den Verkauf von berauschenden Getränken oder Drogen geht

Deswegen gilt grundsätzlich, auf diese Arten des Handels zu verzichten, da sie moralisch und ethisch bedenklich sind. Da die buddhistische Lehre davon ausgeht, dass wir im nächsten Leben für das belohnt oder bestraft werden, was wir in unserem derzeitigen Dasein getan haben, gehen Buddhisten davon aus, dass das nächste Leben qualvoll ist, wenn schlechte Dinge im vorhergehenden Leben getätigt wurden. Angesammeltes (schlechtes oder gutes) Karma manifestiert sich besonders bei unserer Wiedergeburt. Wenn Sie also in Ihrem Beruf oder in anderweitigen Handlungen einem Lebewesen direkten oder indirekten Schaden zufügen, können Sie den buddhistischen Lehren zufolge niemals die vollkommene Erleuchtung erlangen.

6. Grundsatz: „Das rechte Streben"

Unter „Das rechte Streben" kann „Das richtige Bemühen" oder auch „Die richtige Anstrengung" verstanden werden. Nur derjenige, der stets darum bemüht ist, seine Gedanken, Reden und Handlungen nach moralischen Prinzipien zu leben, kann am Ende die Lorbeeren ernten. Man muss sich anstrengen, um ein besserer Mensch zu werden, das gelingt meistens nicht von allein, sondern bedarf eben Ausdauer und einer gewissen Art von moralisch-geleiteter Disziplin. So erklärt Buddha den sechsten Grundsatz:

„Was, ihr Mönche, ist rechte Anstrengung? Da aktiviert ein Mönch seinen Willen, bemüht sich, nimmt seine Kräfte zusammen, strengt seinen Geist an, um entstandene, böse, unheilsame Geistesinhalte am Aufkommen zu hindern. Er aktiviert seinen Willen, um bereits entstandene, böse, unheilsame Geistesinhalte zu überwinden. (Ebenso) aktiviert er seinen Willen, um noch nicht entstandene heilsame Geistesinhalte zu erzeugen. Er aktiviert seinen Willen, bemüht sich, nimmt seine Kräfte zusammen, strengt seinen Geist an, um entstandene, heilsame Geistesinhalte zu bewahren, sie nicht entschwinden zu lassen, sie zum Wachsen, zur Vollentwicklung zu bringen. Das, Mönche, nennt man rechte Anstrengung."

Um letztlich heilsame Gedanken zu vermehren oder unheilsame Gedanken zu verringern, ist es im ersten Schritt notwendig, diese überhaupt identifizieren zu können. Wenn es Ihnen schwerfällt, Ihre Gedanken in die richtigen Bahnen zu lenken, beginnen Sie damit, immer wieder in sich selbst hineinzufühlen. Hier ein paar passende Fragen zur Anregung:

- Wie geht es mir heute?
- Wie sieht es gerade in meinem Herzen aus?
- Welche Gedanken kreisen mir gerade durch den Kopf?
- Sind es positive oder negative Gedanken, die ich da spüre?
- Was würde dazu führen, dass sich meine negativen Gedanken in positive Gedanken umwandeln?

Ziel dieser täglichen Übung ist es nicht, negative Gedanken von heute auf morgen umzuprogrammieren, sondern erst einmal eine Bestandsaufnahme Ihres derzeitigen Geistes abzurufen. Lernen Sie sich und Ihre Gedanken besser kennen und entdecken Sie dabei sogar die einen oder anderen versteckten Gedanken, von denen Sie gar nicht geglaubt hätten, diese zu haben. Und wenn es einmal nicht so „heilsam“ in Ihnen aussieht – werfen Sie sich nichts vor. Das ist ganz normal. Aber es gibt Mittel und Wege, Ihre geistigen Energien so zu lenken, dass sie Positives hervorbringen.

Hier drei Beispiele:

- „**Achtsamkeitsübungen**“: Bemerken Sie eine Verstimmung Ihres Gemüts, dann kann es helfen, wenn Sie sich auf den gegenwärtigen Moment fokussieren. Konzentrieren Sie sich und erfühlen Sie den derzeitigen Augenblick. Vielleicht machen Sie gerade einen entspannten Spaziergang, dann versuchen Sie doch einmal, sich auf die Geräusche, Gerüche und andere Sinneseindrücke zu konzentrieren und nicht darauf, Ihren negativen Gedanken nachzuhängen. Atmen Sie dabei bewusst ein und aus. Je öfter Sie Achtsamkeitsübungen in Ihren Alltag integrieren, desto schneller werden Sie erkennen, dass negative Gedanken nur ein derzeitiger Sinneszustand sind und nicht die eigentliche Realität widerspiegeln.
- „**Dankbarkeitsübungen**“: Mit Dankbarkeitsübungen schaffen Sie es spielend leicht, negative Gedanken abzulegen. Machen Sie sich einfach bewusst, wofür Sie in Ihrem Leben dankbar sind. Ist es Ihr Partner oder Ihre Partnerin? Ist es Ihre Familie? Ist es der Beruf, den Sie mit Leidenschaft ausüben? Oder ist es ein Hobby? Das Dach über Ihrem Kopf oder der volle Kühlschrank? Seien Sie dankbar für das, was Sie im Leben haben und erreicht haben, und Sie werden bemerken, wie Ihre negativen Gedanken verfliegen.

- „**Reframing-Übungen**": Formulieren Sie Ihre negativen Gedanken aktiv in positive Gedanken um. Ein Beispiel für eine solche Übung wäre, all das aufzuschreiben, was Sie derzeit belastet, und dies eben positiv umzuschreiben – und noch wichtiger: diese positiv umformulierten Sätze als ein tägliches Mantra im Geiste aufzusagen, bis der entsprechende Idealzustand eingetroffen ist. Anstatt zu sagen, „Mein Geld reicht nicht für einen Urlaub in diesem Jahr aus ...", sagen Sie sich lieber: „Ich muss zwar hart dafür arbeiten, aber in drei Jahren sehe ich mich schon für volle drei Wochen in einem fernen Land am Strand liegen."

Die Lehren Buddhas zielen genau darauf ab, negative in positive Gedanken zu wandeln, denn schließlich geht es im Buddhismus um Achtsamkeit, Dankbarkeit und darum, ein positives Mindset zu erlangen, bis hin zur Erleuchtung. Die Anhänger des Buddhismus sind angehalten, das zu fördern, was anderen und ihnen selbst nützlich ist. Aber das gelingt nur, wenn der Wille zur Veränderung und das Streben, nach ethischen Grundsätzen zu leben, da sind – frei von Begehren, Missgunst oder Gewalt, hin zu Hilfsbereitschaft, Güte und positiven Affirmationen gegenüber sich selbst und anderen. Seien Sie also stets darin bestrebt, ungesunde Zustände zu verhindern, neue gesunde Zustände entstehen zu lassen und sich diese zu bewahren.

7. Grundsatz: „Die rechte Achtsamkeit"

Hinter der „Rechten Achtsamkeit" verbergen sich Synonyme wie „Das richtige Gedächtnis" oder „Das richtige Bewusstsein". „Rechte Achtsamkeit" ist die fortwährende sowie kontrollierte Wahrnehmung von allem.

Buddha identifizierte vier Arten von „Rechter Wahrnehmung":

- Nachsinnen über den Körper,
- Nachsinnen über abstoßende, anziehende oder neutrale Gefühle,
- Nachsinnen über den Zustand des Verstandes und
- Nachsinnen über Erscheinungen.

Nur wenn wir stets und ständig achtsam sind, können wir sowohl unseren Geist als auch unseren Körper prägen und in die richtige Richtung steuern. Wenn Sie beispielsweise anfangen, Ihre Gefühle, Emotionen und Bedürfnisse zu achten, dann gelingt es Ihnen besser, diese zu kontrollieren. Betrachten Sie deswegen jegliche Empfindungen, egal, ob geistigen oder körperlichen Ursprungs, mit der notwendigen Achtsamkeit.

Buddha umschreibt die bewusste Achtsamkeit so:

„Alles ist vergänglich und hat keinen ewig bestehenden Kern. Deshalb kann nichts endgültig glücklich machen."

Im Prinzip können Sie Ihre Achtsamkeit auf alles richten. Wie im vorangegangenen Kapitel kurz beschrieben, sind Achtsamkeitsübungen sinnvoll, um sich auf bestimmte Themen zu fokussieren. Achtsamkeitsübungen sind wie kleinere Meditationen, die Sie jederzeit und überall anwenden können. Wenn Sie zum Beispiel auf Ihrem Bürostuhl auf der Arbeit sitzen, können Sie ebenfalls kleinere Achtsamkeitsübungen vollziehen. Beginnen Sie, sich zuerst auf Ihren linken Fuß zu konzentrieren, dann kurze Zeit später auf Ihren rechten Fuß. Danach geht der Fokus auf das linke Bein, gefolgt von Ihrem rechten Bein. Ferner geht Ihre Aufmerksamkeit auf Ihren Bauch über. Es folgen der linke Arm und der rechte Arm. Zum Schluss konzentrieren Sie sich auf Ihren Kopf. Mit kleinen Achtsamkeitsübungen wie diesen können Sie mehrere Fliegen mit einer Klappe schlagen.

Die positiven Aspekte von Achtsamkeitsübungen sind:

- **Stressreduktion**: Durch Achtsamkeitsübungen können Sie lernen, sich auf den gegenwärtigen Moment zu konzentrieren und Ihren Geist von Sorgen sowie Ängsten zu befreien. Dies kann dazu beitragen, Stress zu reduzieren.
- **Verbesserte Konzentration**: Wenn Sie lernen, Ihre Aufmerksamkeit auf Ihren Körper zu richten, können Sie Ihre Konzentration verbessern. Dies wiederum wirkt sich positiv auf Ihre Produktivität aus.
- **Körperliche Gesundheit**: Da Sie lernen, Ihren Körper bewusst wahrzunehmen und auf ihn zu achten, können Sie damit körperliche Beschwerden wie Verspannungen oder sogar Schmerzen reduzieren.
- **Emotionale Regulation**: Wenn Sie lernen, Ihre Gedanken sowie Gefühle bewusst wahrzunehmen und zu akzeptieren, können Sie Ihre emotionale Regulation verbessern – Stressabbau wird erleichtert.
- **Verbessertes Wohlbefinden**: Bei regelmäßiger Durchführung können Sie sich insgesamt entspannter, ausgeglichener und zufriedener fühlen.

Die hier aufgeführten Vorteile sind allerdings nur ein paar Beispiele dafür, wie Ihnen Achtsamkeitsübungen im Alltag helfen können. Die positiven Auswirkungen werden natürlich von jeder Person unterschiedlich stark wahrgenommen. Manchmal ist auch eine langjährige Praxis notwendig, um Erfolge zu erzielen, besonders dann, wenn die wahrgenommenen Beschwerden bereits länger anhalten.

Halten wir fest: „Die rechte Achtsamkeit" ist die unabdingbare Fähigkeit eines Buddhisten, die Welt so wahrzunehmen, wie sie ist – und das mit klarem Bewusstsein, immer und zu jeder Zeit! Geben wir Dingen einen Gedanken oder eine Bedeutung, erzeugt dies eine große Kette an Beschreibungen, Umschreibungen oder ebenso Vorurteilen. Wir nehmen die Welt nicht einfach so wahr, wie sie ist, sondern beurteilen die Dinge, die wir auf ihr finden, und geben ihnen eine Bedeutung. Mit der rechten Wahrnehmung gelingt es uns aber, diesen Kreislauf zu durchbrechen und die Welt mit all Ihren Wundern zu erkennen – klar und deutlich, ohne Abweichungen oder Beschönigungen.

8. Grundsatz: „Die rechte Sammlung"

„Die rechte Sammlung" oder auch „Die richtige Konzentration" bezieht sich auf das Praktizieren von Konzentration. Praktizierende müssen ihre Aufmerksamkeit auf ein Objekt richten, bis sie vollständige Konzentration erreichen und anschließend in den meditativen Zustand der Versenkung eintreten. Normalerweise kann die Praxis aus achtsamer Atmung, der Visualisierung von Objekten oder dem Wiederholen von Phrasen entstehen. Eine angemessene Fokussierung erreichen Sie, wenn Sie auf richtige Art und Weise meditieren, gemäß nach den Lehren Buddhas. Die eigenen Emotionen und Sehnsüchte lassen sich während einer Meditation viel besser erkennen sowie einordnen. Mit Meditation können Sie Ihr Bewusstsein in Ruhe wahrnehmen und dann leichter dazu übergehen, die buddhistischen Lehren anzuwenden.

In dieser Art der Meditation, die im Rahmen formeller Meditationspraktiken durchgeführt wird, nimmt man eine aufrechte Sitzhaltung ein und konzentriert sich auf ein Objekt, um Herz und Geist zu vereinen. Dies ebnet den Weg für tiefgreifende Erkenntnisse. Es ist möglich, verschiedene Stufen der Vertiefung zu erreichen, die äußerst erfüllend sind. Diese Erfüllung ist so intensiv, dass das Glück des alltäglichen Lebens im Vergleich dazu verblassen kann und das Verlangen nach Wunscherfüllung abnimmt. Man erkennt, dass es eine noch erhabenere Form des Glücks gibt, die man bei entsprechender Praxis jederzeit erlangen kann.

Die Erfahrung, dieses tiefe Glück sowie die tiefe Demut wahrzunehmen, ist komplett unabhängig von jeglichen religiösen Ausrichtungen. Im Christentum heißt dies „Schauung", welche Christen als „selige Ewigkeit entdeckt" übertragen würden. Im Islam finden sich ebenfalls einige Schriften, die das tiefe Glück umschreiben. Diese Verse betonen die Bedeutung von Dankbarkeit, guten Taten sowie dem Glauben an Gott für das Erreichen des tiefen Glücks und der empfundenen Demut.

Auszug aus dem Koran (Sure 85:11):

„Diejenigen, die glauben und gute Taten vollbringen,
für sie sind Gärten (Paradies), in denen Flüsse fließen.
Das ist das große Glück."

Auszug aus dem Koran (Sure 16:97):

„Wer immer gute Werke tut, sei er Mann oder Frau,
und gläubig ist, werden Wir gewiss ein gutes Leben beschaffen;
und Wir werden ihnen ihren Lohn nach den besten Taten geben, die sie vollbracht haben."

Auszug aus dem Koran (Sure 3:190-191):

„Wahrlich, in der Schöpfung der Himmel und der Erde und im Wechsel von Tag und Nacht sind Zeichen für Menschen von Verstand. Die dastehen, sitzen oder liegen und über die Schöpfung der Himmel und der Erde nachdenken: Unser Herr, Du hast dies nicht umsonst geschaffen. Gepriesen seist Du! Bewahre uns vor der Strafe des Feuers.'"

Um eine tiefe Meditation zu erreichen, ist es notwendig, die vier Versenkungsstufen zu durchlaufen. Diese werden als Jhanas bezeichnet.

Diese Stadien durchlaufen Buddhisten:

- **Erste Jhana:** Durch Loslösen von Begierde, Unheil sowie Sinneswahrnehmungen erreicht man Freude (Piti) und Glück (Sukha). Diese sind gekoppelt mit anfänglicher und aufrechterhaltender geistiger Anwendung (Vitakka und Vicara).
- **Zweite Jhana:** Durch die Beruhigung von Vitakka und Vicara entsteht eine tiefergehende Versenkung. Es verbleiben Piti sowie Sukha, nun jedoch in einem Zustand innerer Gelassenheit.
- **Dritte Jhana:** Piti wird aufgegeben und Sukha bleibt, begleitet von Gleichmut sowie Wachsamkeit. Dieses Stadium ist von emotionalem Gleichgewicht geprägt.
- **Vierte Jhana:** Sowohl Sukha als auch Unbehagen verschwinden, was zu vollkommener Gleichmut und vollständiger geistiger Klarheit führt.

Buddha beschrieb die Stufen so:

„Sinnlichen Lüsten fern, frei von unheilsamen Geistesinhalten, gewinnt der Mönch die mit Nachdenken und Erwägen verbundene, aus der Abgeschiedenheit resultierende, von Freude und Glücksgefühl erfüllte erste Versenkungsstufe und verweilt darin.

Nach dem zur Ruhekommen von Nachdenken und Erwägen gewinnt er den inneren Frieden, die Konzentration des Geistes, die aus der Meditation resultierende, von Freude und Glücksgefühl erfüllte zweite Versenkungsstufe und verweilt darin.

Nach der Aufhebung der Freude verweilt er leidenschaftslos, achtsam und klarbewusst und fühlt in sich das Glück, von dem die Edlen sagen: ‚Glücklich ist, wer gleichmütig und achtsam weilt.' So gewinnt er die dritte Versenkungsstufe und verweilt darin.

Nach dem Schwinden von Glücksgefühl und Schmerz und durch das Verschwinden der früheren Hochstimmung und Trübsal gewinnt er einen leid- und freudefreien Zustand, die durch Gleichmut und Bewusstheit gereinigte vierte Versenkungsstufe, und verweilt darin."

Obwohl einige Personen denken mögen, sie hätten einen Einblick in das Paradies erlangt, sind diese Versenkungsstufen nicht das Endziel des Pfades. Sie folgen am Ende den gleichen Gesetzmäßigkeiten wie alles andere. Wenn beispielsweise Konzentration vorhanden ist, entstehen sie, doch genauso schnell können sie auch vergehen, sobald die Konzentration wieder abnimmt. Das kann schmerzhaft sein. Und da sie sowohl vergänglich als auch mit Leiden verbunden sind, wie alles andere, können sie nicht das ultimative Ziel sein.

Ab der vierten Versenkungsstufe können Anwender der tiefen Meditation zur vollen Erleuchtung gelangen. Erzwingen lässt sich dieser Zustand jedoch nicht. Erleuchtung kann ohnehin nicht direkt herbeigeführt werden: Sie muss sich von selbst entfalten.

Meditation wird genutzt, um die fünf Hindernisse zu überwinden. Die fünf Hindernisse, die auf dem Weg zur Versenkung überwunden werden müssen, sind:

- Sinnliches Verlangen: Begierde und Anhaftung an Sinneserfahrungen
- Negative Emotionen: Ärger, Hass sowie Neid
- Trägheit: Ein Mangel an Energie oder Motivation, der geistige und körperliche Erschöpfung verursacht
- Unruhe sowie Reue: Ruhelosigkeit, Sorgen und Schuldgefühle, die den Geist ablenken
- Zweifel: Unsicherheit oder Skepsis gegenüber dem eigenen Weg oder der eigenen Fähigkeit, Fortschritte zu erzielen

Das Überwinden dieser Hindernisse ist für den Fortschritt auf dem Weg zur Erleuchtung entscheidend. Jhana dient dabei als Instrument, um durch das Kultivieren von Einsicht Weisheit zu erlangen und diese zur

Erforschung der wahren Natur der Phänomene durch direkte Erkenntnis zu nutzen. Dies führt schließlich dazu, die Fesseln zu lösen und sowohl das Dharma als auch die Selbst-Erleuchtung zu realisieren. Während der Praxis der rechten Sammlung sollte der Praktizierende stets die rechte Sichtweise prüfen und reflektieren. Dadurch entsteht das rechte Wissen, welches in der rechten Befreiung gipfelt.

Die buddhistischen Lehren zielen darauf ab, ein gutes menschliches Leben zu führen, dazu zählt unser ethisches Verhalten als höchster Wert, indem wir anderen Lebewesen keinen Schaden zufügen und die Welt als das erkennen, was sie in Wahrheit ist, ohne Vorurteile oder sonstige Beurteilungen. Meditation ist ein adäquates Mittel, um den buddhistischen Pfad zur Erleuchtung zu überwinden.

Sie haben jetzt den „Achtfachen Pfad" in all seinen Facetten kennengelernt. Jetzt liegt es an Ihnen, zu bestimmen, welche der acht Grundsätze Sie für sich als sinnvoll erachten. Wenn Sie auch den Weg zur Erleuchtung gehen möchten, dann sollten Sie sich bemühen, alle acht Grundsätze in Ihren Alltag einzubauen.

So gehen Sie vor:

1. Betrachten Sie die acht Grundsätze und erkennen Sie Ihre eigenen Defizite.
2. Legen Sie eine für sich sinnhafte Reihenfolge fest, in der Sie die acht Grundsätze in Ihr Leben integrieren möchten.
3. Wenden Sie Ihr Wissen rund um die acht Grundsätze in Ihrem täglichen Leben an.

Denken Sie immer daran, dass noch kein Meister vom Himmel gefallen ist und alles seine Zeit benötigt. Haben Sie daher Geduld mit sich und setzen Sie sich nicht selbst unter Druck, sondern genießen Sie die einzelnen Pfade, damit Sie am Ende das Ergebnis erzielen, das Sie erreichen wollen.

DIE FÜNF SILAS – DIE ETHISCHEN PRINZIPIEN DES BUDDHISMUS

Eine grundlegende ethische Lehre im Buddhismus stellen „Die fünf Silas" dar. Alle Buddhisten sollten diese befolgen, um Buddhas Weg gehen zu können. „Die fünf Silas" dienen als eine Art Leitlinie für ein moralisch geführtes Leben. Sie finden sich im „Achtfachen Pfad" wieder und bilden ebenfalls eine Grundlage für die buddhistische Praxis. Das Verhalten der Buddhisten wird durch „Die fünf Silas" reguliert. Unweigerlich zeigen sie auf, dass Konsequenzen drohen – allen voran schlechtes Karma –, wenn sich jemand nicht an diese Richtlinien hält. Wer sich an „Die fünf Silas" hält, der ist von innerer Reinheit und kann ein tugendhaftes Leben führen – ganz ohne des schlechten Karmas.

Interessant ist, dass die fünf Silas wirklich für alle spirituellen Sub-Ausrichtungen des Buddhismus gültig sind. Sie sind also absolut bindend für jeden Buddhisten, egal, welcher Auslegung der Praktizierende folgt.

Von den Buddhisten wird gefordert, ein Leben zu leben, welches frei von Gewalt, Trunkenheit, unangemessener Sexualität, Täuschung sowie unangemessener Rede ist. Wer sich daran hält, wird ein besseres Verständnis zu sich selbst entwickeln und spirituelle Reise erfolgreicher praktizieren. Die fünf Silas sind:

- Nicht töten
- Nicht stehlen
- Keine sexuelle Unmoral
- Kein falsches Reden
- Kein Genuss von berauschenden Mitteln

Ohne „Die fünf Silas" würde der buddhistischen Lehre ein großes Stück an Identität und Authentizität fehlen. Sie stellen sicher, dass die Praktizierenden in Übereinstimmung mit den zentralen Werten des Buddhismus handeln. Durch die Einhaltung der Silas können die Anhänger auch eine tiefe Wertschätzung für das Leben und das Leiden anderer entwickeln. Sie helfen, das Mitgefühl zu fördern, und tragen uns eine Verantwortung für das Wohlergehen anderer und der Umwelt auf. Insgesamt sind „Die fünf Silas" eine wichtige Komponente der buddhistischen Lehre und Identität. Sie helfen den Praktizierenden dabei, ihre spirituelle Praxis zu vertiefen und diese in Einklang mit ihren Überzeugungen und Werten zu bringen.

DIE DREI DASEINSMERKMALE

Bei den „Drei Daseinsmerkmalen" handelt es sich um ein weiteres wesentliches Konzept der buddhistischen Lehre. Sie werden auch „Die drei Kennzeichen der Existenz" genannt. Diese drei Merkmale sind zwar unterschiedlicher Natur, jedoch nicht voneinander zu trennen, da sie auf der Grundlage unserer Gedanken, Emotionen sowie Erfahrungen beruhen. Laut Shakyamuni Buddha gehören zum Erwachen sowohl die Anerkennung als auch das vollständige Verständnis der „Drei Daseinsmerkmale" unmittelbar dazu.

Die drei Daseinsmerkmale sind:

- Annica – Die Unbeständigkeit bzw. Vergänglichkeit alles Seienden
- Dukkha – Das Leiden, schwer zu ertragen, bzw. die Unzufriedenheit
- Anatta – Das Nicht-Selbst-Sein

Diese oben genannten Merkmale treffen dabei auf alle bedingten Dinge sowie Phänomene zu. In den buddhistischen Lehren beziehen sich bedingte Dinge und Phänomene auf alle Erscheinungen, die durch Bedingungen oder Ursachen entstehen sowie existieren. Diese Dinge sind nicht unabhängig oder selbst-existent, sondern das Ergebnis von zahlreichen Bedingungen, die aufeinander wirken. Ein Phänomen kann nicht aus sich selbst heraus existieren oder erscheinen, sondern entsteht als Ergebnis einer Vielzahl von Bedingungen, die miteinander interagieren.

Anicca – Die Unbeständigkeit bzw. Vergänglichkeit

Zu dem ersten Daseinsmerkmal „Anicca" (oder auch „Anitya") sagte Buddha folgende Worte:

„Was auch immer dem Entstehen unterworfen ist, ist dem Vergehen unterworfen."

Buddha lehrt uns, dass sich alles im Leben und jedes Lebewesen verändert – alles ist vergänglich! Nichts bleibt so, wie es ist. Obwohl wir diesen Umstand alle kennen und er offensichtlich ist, hängen wir an Menschen, Umständen und Dingen so, als würden sie für immer existieren. Wenn Sie zum Beispiel einen wichtigen Gegenstand verlieren, ohne den Sie scheinbar nicht leben können, oder wenn Sie eine Hiobsbotschaft erreicht, die Ihnen den Boden unter den Füßen wegzureißen scheint, dann schüttet Ihr Körper jede Menge Stresshormone aus.

Wenn Sie jedoch erkennen, dass dies normal ist und zum Leben dazugehört oder dass Ihre eigene Existenz nicht davon abhängig ist, sich an weltliche Dinge oder gar Personen zu klammern, dann können Sie auf das Erwachen zusteuern und werden erkennen, dass nichts von Dauer ist, nicht einmal unser eigenes Leben. Alles im Leben ist unbeständig, dies erkannte Buddha und er zog den Schluss daraus, dass alle Dinge und Lebewesen früher oder später dem Verfall unterworfen sind. Alles, was existiert, wird vergehen! Wenn wir uns diesem Umstand bewusst sind, dann erkennen wir auch, dass jeder Augenblick Veränderung bedeutet. Mit jeder Millisekunde werden wir zum Beispiel älter. Wir verändern uns ständig. Nichts ist ewig. Die Erkenntnis darüber, aber auch das Loslassen gehören zum Erwachen bindungslos dazu. Tun wir das nicht, dann sind wir nach dem Glauben der Buddhisten zum Scheitern verurteilt. Halten wir trotz allem an etwas oder jemandem fest, entsteht Frustration, Leid bzw. Unzufriedenheit.

Dukkha – Das Leiden & die Unzufriedenheit

Im Buddhismus gibt es wohl kaum ein Konzept, das missverstandener ist als Dukkha. Viele Menschen denken, mit Dukkha soll ausgedrückt werden, dass unser Leben nur aus Unglück oder Enttäuschungen bestehen kann. Das ist falsch und nicht das, was Buddha mit Dukkha sagen möchte. Wenn Sie zum Beispiel mit Ihren Freunden, Ihrer Familie oder Ihrem Lebenspartner bzw. Ihrer Lebenspartnerin einen schönen Abend verbringen, mit wunderbarem Essen, dann ist dieser Zustand niemals von Dauer. Dinge sind nun einmal vergänglich und alles zusammen spiegelt Dukkha wider. Dazu zählen ebenfalls all die anderen Augenblicke mit unseren Liebsten oder im täglichen Leben. Alles verändert sich.

Zwar wird Dukkha mit „Das Leiden" und „Die Unzufriedenheit" gleichgesetzt, aber Dukkha beschreibt nicht, dass das Leben eine einzige Qual ist. Dukkha umfasst viel mehr als das, was wir unter „Leiden" verstehen würden. Zudem sollten Sie niemals vergessen, dass die buddhistischen Lehren genau darauf abzielen, sich von Dukkha zu befreien. Versuchen Sie deshalb, Dukkha nicht in irgendeiner Form zu übersetzen, es lässt sich nicht auf zwei Worte reduzieren. Die Bandbreite von Dukkha beinhaltet sowohl körperliche als auch mentale sowie emotionale Leiden, die am Ende nur ein Stück weit mit Anicca ausgedrückt werden können. Erklärungsversuche von Dukkha sind immer zum Scheitern verurteilt, da jeder Versuch, den Begriff zu erklären, unzureichend ist.

Drei Unterteilungen von Dukkha:

- **Offensichtliches Dukkha (dukkha-dukkha)** bezieht sich auf das Leiden, das durch schmerzhafte Ereignisse verursacht wird, wie Krankheit, Tod, Trennung von Geliebten oder das Nichterhalten von etwas, das man begehrt.

- **Dukkha durch Veränderung (Viparinama-dukkha)** entsteht durch die Unbeständigkeit und Vergänglichkeit der Dinge. Alles im Universum ist einem ständigen Wandel und dem Fluss des Lebens unterworfen, was uns veranlasst, uns an etwas festzuhalten, das letztendlich vergeht und zu Enttäuschung und Leiden führt.
- **Das existenzielle Leiden-Dukkha (Samskara-dukkha)** ist mit den bedingten Daseinsvorgängen verbunden. Dieser Aspekt des Leidens bezieht sich auf die Vorstellung, dass alles im Universum, einschließlich unseres eigenen Selbst, auf Ursachen sowie Bedingungen beruht. Da die meisten Bedingungen bzw. Ursachen jedoch vorübergehend und unbeständig sind, ist auch unser Dasein sowohl von Unbeständigkeit als auch von Leiden geprägt.

Es liegt in der Natur aller fühlenden Lebewesen, dass wir das Unangenehme meiden und uns lieber dem Angenehmen widmen möchten. Haben wir das Angenehme erst einmal entdeckt und erlebt, dann wollen wir es nie wieder missen und halten daran fest. Sobald wir dann miterleben, dass diese Zustände, Menschen oder Gegenstände vergänglich sind, dann empfinden wir Enttäuschung, Frustration und Unzufriedenheit. Daran erkennt man ziemlich gut, dass Dukkha sowie Anicca (Anitya) nicht voneinander losgelöst existieren.

Anatta – Die „Ich-Losigkeit"

Wenn alles im Universum unbeständig und vergänglich ist, kann es auch keinen unveränderlichen Wesenskern oder ein unveränderliches, ewiges Selbst geben. Das bedeutet, dass wir kein unveränderliches „Ich" oder „Selbst" haben, das von Geburt bis zum Tod unverändert bleibt. Dieser Umstand wird in der buddhistischen Lehre als „Anatta" bezeichnet. Es wird hierbei betont, dass nichts aus sich selbst heraus existiert und dass alles, was existiert, durch viele Ursachen entsteht. Ein einzelnes Ereignis oder eine Ursache kann nicht allein dafür verantwortlich sein, dass etwas entsteht. Stattdessen müssen viele Umstände zusammenkommen. Anatta kann ebenfalls als „Nicht-Selbst" oder „Nicht-Wesenhaftigkeit" verstanden werden.

Aber an sich ist es ein Zustand, der nicht für jeden Menschen sofort zu begreifen ist. Die Lehre dahinter heißt im Übrigen „Pratityasamutpada". Sie beschreibt das Konzept des bedingten Entstehens. Pratityasamutpada hilft uns, zu verstehen, dass alles im Universum miteinander verbunden ist und durch eine komplexe Wechselwirkung von Bedingungen sowie Ursachen entsteht und dass nichts für sich allein existieren kann.

Aus diesen vielen Gründen lehrt uns Buddha, dass es kein existierendes Ich gibt, dass von Geburt an in unseren Körpern vorhanden ist. Wir werden durch unser Umfeld, unsere Erfahrungen und durch die Veränderungen zu einem „Selbst" geformt. Wir sind nicht einfach so – wir besitzen keine absolute Identität. Demnach sei es, laut Buddha, reine Illusion, wenn wir uns als singuläres Wesen betrachten und so durchs Leben gehen. Unser „Ich" ist eine bloße Konstruktion unseres Geistes. Dabei sind wir stets und ständig von anderen Dingen, Personen oder Lebensumständen abhängig, damit ist unser „Ich" immer im Wandel. Fasst man diese Erkenntnisse zusammen, so sind wir absolut „Ich-los".

In einer Welt, in der das Wohl des Einzelnen oftmals schwerer wiegt als das Wohl der Gemeinschaft, und in einer Welt, in der sich immer mehr Menschen einen Selbstschutz zulegen müssen, um in der harten „Ellenbogen"-Mentalität zurechtzukommen, kann letztendlich niemand zufrieden sein. Der Einzelne hat zwar scheinbar alles, aber er klammert sich zu stark an diese unbeständigen Dinge. Das Gleiche gilt für die Personen, die gezwungenermaßen zuerst einmal nach sich selbst schauen müssen, weil sie möglicherweise kein finanziell gut gestelltes Leben führen können. Aber ein dauerhaft getrennt geführtes Leben von allen anderen fühlenden Lebewesen führt letztendlich zu Leid, Frustration und Unzufriedenheit.

Die einen besitzen viel, aber sind frustriert sowie gelangweilt von ihrem Überfluss. Die anderen wiederum müssen erst einmal schauen, dass sie über die Runden kommen, sind letztendlich ebenfalls mit ihrem Leben unzufrieden und leiden. Wir investieren viel Energie, unser Selbst zu schützen und es glücklich zu machen. Dabei klammern wir uns an Dinge, von denen wir denken, dass sie uns helfen. Aber wenn wir daran festhalten, dass unser Selbst getrennt von allem anderen ist und für immer bestehen bleibt, führt das zu einem Zustand, der die Wurzel unseres Leidens sowie unserer Unzufriedenheit ist.

Der weise Umgang mit den „Drei Daseinsmerkmalen"

Wünschenswert ist es, wenn angehende Buddhisten einen weisen Umgang mit den „Drei Daseinsmerkmalen" pflegen. Denn die Daseinsmerkmale helfen uns, ein tieferes Verständnis für uns selbst und andere zu entwickeln. Fassen wir noch einmal zusammen: Anicca lehrt uns, dass alles in der Welt ständig im Wandel ist. Alles ist vergänglich – nichts bleibt für allezeit bestehen! Ist man sich dessen bewusst, beginnt der Prozess, sich von den Dingen und Phänomenen lösen zu wollen, die wir nur scheinbar benötigen. Erst wenn wir begreifen, dass das Loslassen von Dingen sinnvoll ist, da wir sie sowieso nicht steuern können, ist es uns möglich, uns komplett von allen Leiden zu befreien. Des Weiteren klärt uns das Daseinsmerkmal Dukkha darüber auf, dass das Leiden untrennbar vom Leben ist. Mit dieser Erkenntnis begegnen wir schwierigen Situationen besser, da wir uns von vornherein darauf einstellen können.

Damit unterdrücken oder vermeiden wir das Leid nicht, sondern lernen, wie wir mit den verschiedensten Leiden umgehen müssen.

Das wiederum steigert unsere Akzeptanz sowie unser Wohlbefinden und stärkt unsere Widerstandsfähigkeit. Das letzte Daseinsmerkmal Anatta gibt uns darüber Einsicht, dass niemand von uns ein unveränderliches Selbst ist. Wir sind immer abhängig von der Welt, nicht nur von unserer unmittelbaren Umgebung, denn wir sind immer ein Teil eines komplexen Ganzen. Wer sich dessen bewusst ist, der schafft es, sein eigenes Ego loszulassen, und kann sich in andere Lebewesen besser hineinversetzen. Alle drei Daseinsmerkmale tragen dazu bei, das Verständnis von schwierigen Situationen im Alltag zu erleichtern, und helfen uns, den Weg zur Erleuchtung zu finden.

Buddhas zusammenfassende Worte zu den drei Daseinsmerkmalen:

„Was unbeständig ist, ist Leiden; was Leiden ist, ist Nicht-Selbst; was Nicht-Selbst ist, das ist nicht mein, das bin ich nicht, das ist nicht mein Selbst."

Wenn Sie die drei Daseinsmerkmale befolgen, dann wird sich Ihre Perspektive auf die Realität verändern. Es wird Ihnen leichter fallen, Herausforderungen im Alltag zu bewältigen. Behalten Sie immer im Hinterkopf, dass alles vergänglich ist, und akzeptieren Sie das Leid, das damit einhergeht. Versuchen Sie, das Konzept hinter der „Ich-Losigkeit" zu verstehen, denn nur so werden Sie sich selbst sowie Ihren inneren Frieden finden. Darüber hinaus bauen Sie eine tiefere Verbindung mit der Welt um sich herum auf. Losgelöst von jeglicher egozentrischen Tendenz lässt Sie die Einhaltung der drei Daseinsmerkmale den Weg der Erleuchtung beschreiten. Und unnötiger Ballast ist nicht mehr ein Teil dieses Weges, da Sie sich auf das Wesentliche im Leben fokussieren können. Achten Sie jedoch darauf, einen ausgewogenen Ansatz zu finden, um alle drei Daseinsmerkmale aufzunehmen. Sie sollten sich nicht auf ein einzelnes Merkmal konzentrieren, es sei denn, es ist nur temporär und dadurch bedingt, weil Sie erkannt haben, in dem einen speziellen Daseinsmerkmal mehr Defizite zu besitzen als in den anderen beiden Merkmalen. Insgesamt sollte der Blick aber immer auf alle drei Daseinsmerkmale gerichtet sein. Denken Sie hierbei an ein Dreieck, das ohne seine drei Ecken nicht in sich geschlossen wäre.

Die drei Daseinsmerkmale des Buddhismus sind eng mit dem Achtfachen Pfad verbunden, da sie ein tiefgreifendes Verständnis des menschlichen Zustands sowie der Realität vermitteln. Der Achtfache Pfad hilft Ihnen dabei, die Kenntnisse aus den drei Daseinsmerkmalen in die Praxis umzusetzen. Der Pfad beinhaltet die richtige Sichtweise, die richtige Absicht, die richtige Rede, die richtige Handlung, den richtigen Lebensunterhalt, die richtige Anstrengung, die richtige Achtsamkeit und die richtige Konzentration. Durch die Integration dieser Elemente in unser Leben können wir uns von unserem Leiden befreien und eine tiefere Verbindung zur Welt um uns herum aufbauen. Daher sind die drei Daseinsmerkmale sowie der Achtfache Pfad untrennbar miteinander verbunden. Sie bilden das Fundament für ein erfülltes Leben im Einklang mit der buddhistischen Lehre. Zusammen mit den „vier edlen Wahrheiten" gelingt es uns, endgültig loszulassen. Mit Vollendung des jetzigen Kapitels bietet es sich an dieser Stelle an, die Kapitel „Die vier edlen Wahrheiten" und „Der achtfache Pfad" erneut zu lesen, da sich hier mit den drei Daseinsmerkmalen ein wichtiger Kreis der buddhistischen Lehren schließt, es sei denn, die beiden benannten Kapitel sind noch stark in Ihrem Gedächtnis verankert, dann ist dies selbstverständlich nicht notwendig.

Ein Hilfsmittel, um alle beschriebenen Verbindungen zu vertiefen und uns selbst besser kennenzulernen, ist die Praxis der Meditation. In der Meditation üben wir uns darin, unseren Geist zu beruhigen, und lernen, uns auf das Hier und Jetzt zu konzentrieren und unsere Gedanken und Gefühle zu beobachten, ohne uns von ihnen mitreißen zu lassen.

Meditation - Einkehr zum Selbst

Menschen waren von Beginn der Menschheitsgeschichte an auf der Suche nach sich selbst. Ein wesentlicher Schlüssel, um sich selbst zu finden, ist die „Innere Einkehr“ oder auch das „Innere Selbst“. Das eigene Selbst zu erkennen und es anzunehmen, ist aber gerade in schnelllebigen Zeiten wie heute überaus schwierig. Nur wer sich aktiv darum bemüht, seinem Körper, Geist und der Psyche die notwendige Aufmerksamkeit zu schenken, kann die innere Einkehr zum Beispiel mithilfe von Meditationen vollziehen.

Chronische Anspannungen, der berufliche Stress oder familiäre Probleme lassen sich leichter bewältigen, wenn wir zur inneren Einkehr gelangen. Um das eigene mentale sowie physische Gleichgewicht wiederherzustellen, beanspruchen immer mehr Menschen verschiedene Möglichkeiten. Eine davon ist, wie bereits erwähnt, die Meditation. Um sich selbst zu finden, können Sie ebenfalls eine Pilgerreise, ein Retreat oder Fastenkuren einplanen oder sich an spirituellen Rückzugsorten (Klöster, Tempel etc.) niederlassen. Welche Sie von den eben benannten Möglichkeiten für sich selbst in Anspruch nehmen möchten, können Sie natürlich ganz frei entscheiden. Klar ist, dass alle benannten Möglichkeiten Ihnen dabei helfen können, Ihr inneres Selbst zu erkennen und schließlich zu optimieren.

Näher betrachten möchten wir in diesem Buch die Meditation, da Sie diese überall leicht praktizieren können. Sie können kurze Meditationseinheiten mit wenig Zeitaufwand in Ihren Alltag integrieren. Auch Schulmediziner sind mittlerweile von der großen Wirksamkeit von Meditationsübungen überzeugt. Meditation ist nicht gleich Meditation. Es gibt Meditationen, die sich komplett auf den Körper beziehen, andere Meditationsformen widmen sich der Aufmerksamkeit, aber die größte Gruppe bezieht sich selbstverständlich darauf, den Körper und Geist wieder in Einklang zu bringen.

In der buddhistischen Lehre gilt die Meditation als praktisches Mittel, um zur inneren Einkehr mit sich selbst zu gelangen. Es liegt auf der Hand, dass unser Geist idealerweise während einer Meditation in sich selbst ruht. Theravada zählt zu den ältesten buddhistischen Schulen, die vorwiegend in Südostasien praktizieren. Ihre Lehren basieren auf den frühsten buddhistischen Konzepten. Um Einsgerichtetheit des Geistes zu erreichen, also die Fähigkeit, den Geist auf ein bestimmtes Objekt bzw. auf bestimmte Gedanken zu lenken und nur bei diesem Objekt oder diesen Gedanken zu sein, beruhigen Anhänger der buddhistischen Theravada-Schulen nicht nur ihren Geist, sondern schaffen auch Abstand zu allem Weltlichen. Einsgerichtetheit wird im Buddhismus „Samma-Samadhi“ (rechte Einigung) genannt.

Meditation nimmt einen hohen Stellenwert in den buddhistischen Lehren ein. Meditierende sind dazu angehalten, sich auf eine einzige Sache zu fokussieren, egal, unter welchen Umständen – sie dürfen sich beim Meditieren nicht von anderen Dingen ablenken lassen. Gelingt die Fokussierung auf das innere Selbst, dann können sich Buddhisten von Gier, Hass und allen sonstigen Leiden befreien. Eine andere buddhistische Hauptströmung stellt Mahayana („der große Weg") dar. Diese Strömung ist vor allem in Zentralasien sowie Ostasien beheimatet.

Im Mahayana-Buddhismus stehen insbesondere Verfahren im Fokus, die dazu beitragen, Mitgefühl zu entwickeln und ein Verständnis für die Klarheit des Geistes zu erlangen. Dies bedeutet, dass alle Phänomene und Konzepte, die unser Verstand wahrnimmt, keiner dauerhaften Existenz unterliegen, sondern kontinuierlich entstehen sowie vergehen. Vajrayana („der Diamantweg") ist eine weitere Hauptströmung des Buddhismus, die vornehmlich in Tibet und Teilen von Südasien praktiziert wird. Die Strömung ist bekannt für ihre esoterischen Praktiken, wie zum Beispiel die Verwendung von Ritualen, Mantras sowie Visualisierungen.

Im Vajrayana werden die Arbeit mit inneren Energien und auch die Visualisierung von Lichtformen, die weibliche und männliche Buddhas darstellen, als zentrale Bestandteile der Praxis angesehen. Die verschiedenen Buddhaformen im Vajrayana-Buddhismus stellen unterschiedliche Qualitäten des erleuchteten Geistes dar. In dieser Tradition ist es wichtig, sich stets mit der eigenen Buddhanatur, also der inneren Natur des Buddhas, zu identifizieren – nicht nur während der Meditation, sondern auch im Alltag.

Wenn Sie ebenfalls mit dem Meditieren beginnen möchten, das sich an die buddhistischen Lehren hält, empfiehlt es sich, sich von einer erfahrenen Person anleiten zu lassen. Dies kann ein buddhistischer Lehrmeister sein oder Sie gehen direkt in ein buddhistisches Zentrum und lassen sich in die buddhistischen Meditationspraktiken einführen. Dieses Buch wird Ihnen einen Lehrmeister nicht ersetzen können, dennoch möchten wir Ihnen mehrere Meditationsmethoden vorstellen und erklären, wie Sie diese selbst zu Hause anwenden können. Betrachten Sie dies aber nur als einen ersten Schritt und suchen Sie anschließend bei einer erfahrenen Person der buddhistischen Meditation Hilfe, um Ihre eigene Meditation auf eine neue Stufe zu heben. Erste Erfahrungen können Sie mit unseren vorgestellten Praktiken auf jeden Fall sammeln. Die nachfolgenden Kapitel beinhalten Meditationsübungen, hier eine Empfehlung:

Vorbereitung auf die Meditation:
Suchen Sie sich einen ruhigen Ort aus, an dem Sie sicher sein können, dass Sie niemand stören wird. Es wird empfohlen, das Smartphone auf lautlos zu stellen und ggf. die Klingel an der Haustür abzustellen, damit Sie sich vollends auf Ihre Meditationseinheit konzentrieren können

DIE HERAUSFORDERUNG DES SÜSSEN NICHTSTUNS

Blicken Sie jetzt in diesem Moment in sich hinein: Wie fühlen Sie sich gerade? Fühlen Sie sich überfordert, gestresst oder sogar erschöpft? Obwohl Sie genau erkennen, dass Sie eine Pause vom permanenten Stress benötigen, haben Sie mit Sicherheit bereits Ihre nächsten Tätigkeiten vor Augen, die Sie heute noch unbedingt erledigen wollen. Haben Sie sich schon einmal gefragt, warum es uns oftmals so schwerfällt, nichts zu tun? Die Antwort ist: Es sind gesellschaftliche Stigmatisierungen, die dazu führen, warum es uns nicht leicht fällt, Pausen einzulegen, aber auch der eigene perfektionistische Ansatz, immer alles zu vollster Zufriedenheit erledigen zu wollen, spielt hierbei eine große Rolle. Kein Wunder – schnell gilt man als faul oder unmotiviert, wenn wir es uns doch erlauben sollten, eine größere Auszeit einzulegen.

Wie sagt ein bekanntes Sprichwort? „Wer rastet, der rostet." Nichtstun ist in unserem Kulturkreis ein Zeichen von Schwäche und wird nur selten toleriert. Zwar findet in einigen Köpfen ein Umdenken statt, weil eben immer mehr Menschen mit Burnout oder Depressionen zu kämpfen haben, aber dieser gesellschaftliche Wandel findet nur langsam statt.

Dabei haben wir es alle nötig, ab und zu „nur auf der faulen Haut zu liegen". Selbst in Kindertagen begegnen uns Figuren, wie die Pechmarie aus Frau Holle, die für ihre Faulheit hart bestraft wird. Kinder haben heutzutage ohnehin teilweise Terminkalender wie ein Manager eines größeren Unternehmens. So sollen sie in Sport-AGs aktiv sein, mindestens ein Musikinstrument spielen können, mehrere Fremdsprachen beherrschen oder als Influencer vor der Kamera stehen, und das nach ihrer Schulzeit inklusive der Erledigung der Hausaufgaben. Dass wir aber eine gesunde Balance zwischen Arbeit und Faulheit benötigen, wird kaum gesellschaftlich angesprochen.

Ja, selbstverständlich findet an der einen oder anderen Stelle ein Umdenken statt, beispielsweise sehnen sich junge Erwachsene nach einem gesunden Lifestyle, in dem sie sich nicht nur gesund ernähren, sondern ebenso viel Sport treiben und den Ausgleich zum Beispiel im Yoga finden. Diese gesunde Lebenseinstellung ist bisher jedoch längst nicht in allen Generationen angekommen. Die Wellness-Branche setzte 2015 laut dem Global Wellness Institute weltweit 3,4 Billionen Euro um! Das ist ein Anstieg um sechs Prozent im Vergleich zum Vorjahr.

Im Jahr 2017 prognostizierten die Experten einen weiteren Anstieg, der eingehalten wurde. In Deutschland erwirtschaftet die Wellness-Branche etwa 100 Millionen Euro jährlich. Zwar scheinen immer mehr Menschen Wert daraufzulegen, ihre Gesundheit in den Vordergrund zu stellen, aber fraglich ist, ob sie dies wirklich nur für sich selbst tun oder dadurch eher versuchen, mit dem schnelllebigen sowie stressigen Alltag mitzuhalten, anstatt sich wirklich aktive Pausen zu gönnen, ohne dafür extra Yoga-Stunden einlegen zu müssen. Es ist immer eine Gratwanderung, denn es ist zwar großartig, wenn gerade junge Menschen auf ihre körperliche sowie geistige Gesundheit achten möchten, aber schnell kann sich daraus ein Zwang, eine Sucht oder sogar Extremismus entwickeln. Ein anderes Beispiel ist die Botschaft: Nur wer viel tut, kann auch viel im Leben erreichen. Wer nichts tut, der verschwendet doch ohnehin nur seine Zeit. Natürlich steckt hinter jeder Weisheit, jedem Sprichwort und jedem Satz ein Fünkchen Wahrheit. Dennoch – bedeutet es für uns, dass wir permanent in Aktion sein müssen, um im Leben erfolgreich zu sein? Nein, genau das bedeutet es nicht. Jeder von uns muss ab und zu durchatmen dürfen, die Zeit besitzen, nach sich selbst zu schauen und Körper sowie Geist die nötige Auszeit zu gönnen.

Einige Personen versuchen, sich bewusst einen Tag in der Woche freizuschaufeln, an dem sie sich nur um sich selbst kümmern und wirklich nichts tun möchten. Doch bringt ein Tag Auszeit etwas? Es ist bereits der erste Fehler, der begangen wird, wenn wir versuchen, unsere Pausen auf einen Tag für mehrere Stunden am Stück zu beschränken. Kaum jemand ist noch dazu in der Lage, zum Beispiel an einem Sonntag eine Vollbremsung hinzulegen, da wir an den Tagen zuvor immer Vollgas geben. Wir sind es schlichtweg nicht gewohnt, wenn wir plötzlich einen freien Tag haben. Schnell wird doch noch die Wäsche gewaschen, der Geschirrspüler angemacht oder der Rasen gemäht. Nichtstun sieht wirklich anders aus, es sei denn, diese Dinge bringen einen wirklich runter und lassen uns entspannen.

Sich stundenlang zum Nichtstun zu zwingen, ist eher eine Herausforderung als eine echte Hilfe. Wenn Sie sich also mehr Pausen im Alltag wünschen, dann sollten Sie diese nicht an einem Stück am Sonntag einlegen, sondern lieber viele kleine Ruhepausen einplanen. Machen Sie diese Ruhepausen zu Ihren Inseln der Entspannung. Es gibt einen Begriff aus dem amerikanischen Raum, der hier sehr treffend ist „Me-Time". Hierbei geht es darum, sich bewusst Zeit für Selbstpflege und Selbstreflexion zu gönnen. Der Fokus liegt auf dem eigenen Wohlbefinden. Gönnen Sie sich daher so oft Sie können bewusste Auszeiten, um Kraft zu tanken und Stress abzubauen. Im Übrigen können Sie in Zeiten, in denen Sie sich entspannen und nichts Produktives tun, Ihre eigene Kreativität steigern sowie kreative Lösungsansätze entwickeln, das haben nämlich Wissenschaftler der University of California in Santa Barbara in einem Experiment herausgefunden. Tun Sie sich selbst einen Gefallen und schalten Sie hin und wieder einen Gang runter. Wer immer nur Vollgas gibt, der ist eben anfälliger für allerlei physische oder auch psychische Leiden.

Die Schlussfolgerung:
Wie stark wir Stress empfinden, kommt immer darauf an, mit wie viel Stressfaktoren wir konfrontiert werden. Wir bemerken Stress meistens erst, wenn er zu häufig vorkommt und wir keinen anderen Ausgleich finden konnten. Negativen Stress (Disstress) (Anm. der Autorin: Positiver Stress wird Eustress bezeichnet) empfinden wir als anstrengend und wir haben das Gefühl, dem Stress nicht gewachsen zu sein. Manchmal müssen wir viele Dinge auf einmal tun und vergessen dabei, uns entsprechend Pausen zu gönnen oder einen echten Ausgleich zum Stress zu schaffen.

Es folgen ein paar Anregungen, die Ihnen dabei helfen sollen, erholsam Pausen zu machen. Die erste Anregung ist, es sich in einer ruhigen Umgebung bequem zu machen. Sperren Sie Ablenkungsfallen, wie zum Beispiel das Smartphone, aus dem Zimmer. Vielmehr sollten Sie die Klingel abstellen und sogar den WLAN-Router ganz ausschalten, sodass Sie niemand via Festnetz- oder Handyanruf stören kann.

Gleiches gilt für das Klingeln an der Tür. Wenn Sie auf Nummer sicher gehen wollen, dass Sie auch niemand stört, hängen Sie an Ihrer Haustür einen Zettel auf, mit dem Vermerk: „Bitte klopfen Sie nicht, kommen Sie bitte in zwei Stunden wieder!" Versuchen Sie, nachdem Sie sich bequem hingesetzt haben, sich auf Ihre Atmung zu konzentrieren. Keine Sorge, in dem späteren Kapitel „Der Atem als Meditationsobjekt" gehen wir noch spezifisch auf einzelne Atemtechniken ein. Jetzt geht es erst einmal darum, selbst zur Ruhe zu kommen und eine echte Pause einzulegen. Wenn es Ihnen beim ersten Mal schwerfällt, zur Ruhe zu kommen bzw. runterzukommen, ist dies gar nicht weiter tragisch. Beim ersten Mal fällt es den meisten Menschen schwer. Mit der Zeit wird es Ihnen sicher leichter fallen. Wichtig ist, dass Sie sich täglich regelmäßige Pausen einplanen und diese auch einhalten. Die eine Stunde Mittagspause zählt dabei nicht. Hier werden Sie ohnehin viel an die Arbeit denken oder sich mit Ihren Kollegen über die Arbeit austauschen.

Auch das Familienessen gilt nicht als Pause, schließlich handelt es sich dabei um keine Me-Time.

https://bit.ly/43LKCLw

QR-Code oder Link zu allen geführten Meditationen zum Anhören

Übung: „Nichts-Tun"-Meditation

Das Gute an der „Nichts-Tun"-Meditation ist, dass sie nur minimale Anstrengung erfordert. Dadurch ist gewährleistet, dass Ihr Geist ungestört wandern kann. Shinzen Young, ein amerikanischer Achtsamkeits- und Meditationslehrer sowie neurowissenschaftlicher Forschungsberater, prägte den Namen der Technik.

So gehen Sie vor:

Setzen oder legen Sie sich in eine bequeme Position.

Atmen Sie ruhig und schließen Sie, wenn Sie möchten, Ihre Augen.

Erlauben Sie Ihrem Geist, dorthin zu wandern, wohin er möchte. Das bedeutet, Sie sollten sich während der ganzen Übung nicht auf einen bestimmten Gedanken konzentrieren.

Es ist nicht von Bedeutung, welchen Eindruck Sie bekommen oder wie Sie sich bei der Wanderung Ihres Geistes fühlen: Lassen Sie jede Sinneserfahrung geschehen.

Wenn Sie sich dabei ertappen, wie Sie beginnen, über etwas genauer nachzudenken, dann setzen Sie Ihren offenen Geist bewusst fort, damit Sie nicht in Versuchung geraten, einen echten Gedanken festzuhalten und insbesondere darin zu verweilen. Lassen Sie Ihre Gedanken einfach vorbeiziehen wie kleine, weiße Wolken am hellblauen Himmel.

Diese Übung können Sie so oft Sie möchten wiederholen. Für eine Meditationseinheit empfehlen wir etwa 10 bis 15 Minuten. Im Übrigen hat die „Nichts-Tun“-Meditation kein Endziel. Sie entscheiden ganz allein, wie oft und wie lange Sie Ihren Geist trainieren möchten, an nichts zu denken.

MIT MEDITATION ZU MEHR KLARHEIT

Wenn Sie es geschafft haben, wirklich abzuschalten, und Pausen nun fest zu Ihrem Alltag gehören, können Sie die nächste Stufe gehen und Meditationsmethoden ausprobieren, bis Sie für sich herausgefunden haben, welche Ihnen am besten liegen.

Die vielen Vorteile der Meditation liegen dabei auf der Hand:

- Reduktion von Stress: Das Stresslevel wird durch Meditation gesenkt bzw. aktiv abgebaut. Stressbedingte Erkrankungen lassen sich ebenfalls mit Meditation reduzieren.
- Reduktion von Angst und Depression: Meditierende reduzieren mit Meditation Angstzustände, Panikattacken, Phobien und sonstige psychische Gesundheitsprobleme.
- Verbesserung des Wohlbefindens: Wenn Sie regelmäßig meditieren, dann steigern Sie nicht nur Ihr allgemeines Wohlbefinden, sondern entwickeln darüber hinaus eine positivere Einstellung zum Leben.
- Verbesserung der körperlichen Gesundheit: Meditationen senken den Blutdruck, stärken unser Immunsystem und optimieren unsere Schlafqualität.
- Verbesserung von Konzentration sowie Fokus: Aufgrund regelmäßig durchgeführter Meditationen sind wir produktiver und leistungsfähiger.
- Verbesserung im Hinblick auf die Selbstakzeptanz: Sich selbst besser kennenzulernen und sich so zu akzeptieren, wie man ist, bis hin zur Selbstliebe, kann mithilfe von Meditation erreicht werden.

- Erhöhung der Kreativität: Wie bewusste Pausen führen Meditationen irgendwann zu einer gesteigerten Kreativität sowie zu kreativen Lösungsansätzen.
- Erhöhung der spirituellen Entwicklung: Dadurch, dass wir durch Meditation eine tiefere Verbindung mit uns selbst aufbauen, können wir leichter mit dem Universum in Kontakt treten.

Durch Meditation lassen sich eine Menge vorteilhafte Effekte erzeugen. Mehrere Studien, zum Beispiel die Studien „Meditation programs for psychological stress and well-being: a systematic review and meta-analysis" und „Critical analysis of the efficacy of meditation therapies for acute and subacute phase treatment of depressive disorders: a systematic review" aus dem Jahr 2014, belegen beispielsweise, dass mithilfe von Meditationen 4.600 Probanden ihre Depression mindern konnten. Eine weitere Studie mit 18 Freiwilligen zeigt auf, dass nach drei Jahren des Praktizierens von Meditationen langfristig ein Rückgang der Depression bei den Teilnehmenden erfolgte. Weitere Überprüfungen legen nahe, dass Meditationen entzündliche Chemikalien im Körper verringern, die sogenannten Zytokine, die wiederum eine Reaktion unseres Körpers auf Stress sind. In geringer Anzahl vorhanden hat dies eine reelle Wirksamkeit gegen Depressionen. Zudem wird in diesen Studien deutlich, dass wir uns dank Meditationen selbst nicht nur besser wahrnehmen können, sondern dass sich ebenso unser Selbstbild durch Meditationen verbessern kann, und dies wiederum führte unweigerlich dazu, dass sich bei vielen Studienteilnehmern eine positivere Lebenseinstellung zeigte.

Durch Meditation können Sie es demnach schaffen, Depressionen zu mildern und eine optimistischere Denkweise zu entwickeln. Dies spiegelt sich in zahlreichen Studien wider. Eine regelmäßige Praxis der Meditation trägt zudem dazu bei, diese positiven Auswirkungen dauerhaft beizubehalten. Meditation kann nachweislich ebenso die eigene Selbstwahrnehmung verbessern – dadurch, dass uns Meditationen dabei assistieren, ein stärkeres Verständnis von uns selbst zu entwickeln.

In einer Studie mit 21 an Brustkrebs erkrankten Frauen zeigt, dass sich das Selbstwertgefühl der Teilnehmenden durch die Teilnahme an einem Tai-Chi-Programm stark zum Positiven verändert hat. Ganz anders sah es bei den Frauen aus, die nur an den Selbsthilfegruppen sowie an den Sitzungen teilgenommen haben. 40 Männer und Frauen fühlten sich in einer anderen Studie mit einem Achtsamkeitsmeditationsprogramm weniger einsam. Bei der Kontrollgruppe blieb dieser Effekt aus. Das Meditieren kann nicht nur dazu beitragen, dass man ein verringertes Gefühl von Einsamkeit erfährt, sondern auch zu einem kreativeren Umgang mit Problemen in allen Lebensbereichen führen.

Meditationsarten, die Selbstreflexion beinhalten, können Sie dabei unterstützen, sich selbst besser kennenzulernen. Durch diese Selbsterkenntnis können Sie weitere positive Veränderungen im Leben anstoßen. Ihre Gedanken und individuellen Erfahrungen, die Sie während des Meditierens gewinnen, führen unter Umständen zu einem gesteigerten Problemlösungsvermögen und zu einem höheren Maß an Kreativität.

Positive Gefühle gegenüber sich selbst, aber auch gegenüber anderen können sich durch Meditation erhöhen. Mit anderen Worten: Meditationen machen uns glücklich. In einigen Studien, wie zum Beispiel in der Studie „Enhancing Compassion: A Randomized Controlled Trial of a Compassion Cultivation Training Program“ aus dem Jahr 2012, wurde genau dieser Effekt der Meditation auf uns untersucht. Nachweislich steigert sich bei einem Praktizierenden die Fähigkeit des Mitgefühls gegenüber anderen Menschen und eine andere Studie mit 100 Probanden zeigt, dass dies jedoch abhängig davon war, wie häufig meditiert wurde. In diesen angesprochenen Untersuchungen ging es immer um Metta-Meditationen und je mehr Zeitaufwand die Studienteilnehmenden in die Meditation steckten, desto mehr positive Gedanken, Gefühle und Emotionen traten zutage.

Metta-Meditation
Dies ist eine Art der Achtsamkeitsmeditation. Der Ursprung dieser speziellen Meditationsform liegt im Buddhismus. Sie wird auch als „Loving-Kindness-Meditation“ bezeichnet, da sie darauf abzielt, positive Gefühle der Liebe, Freundlichkeit, Großzügigkeit sowie Wertschätzung zu kultivieren. Bei der Metta-Meditation konzentriert man sich auf das Wohl aller Lebewesen. So beginnt man normalerweise mit der Wunscherklärung „Mögen alle Wesen glücklich sein“. Praktizierende versuchen, eine tiefe emotionale Verbundenheit und auch Freundlichkeit gegenüber sich selbst sowie anderen zu entwickeln. Das Ziel von Metta-Meditationen ist es, positive Emotionen und eine freundliche Haltung gegenüber sich selbst und anderen zu entwickeln! Forschungen zeigen, dass Metta-Meditationen dabei helfen können, Stress zu reduzieren, positive Emotionen zu fördern und soziale Beziehungen zu stärken.

Eine andere Untersuchung belegt, dass Metta-Meditationen dazu beitragen, soziale Ängste zu überwinden, Ehekonflikte zu reduzieren und den Umgang mit Wutgefühlen besser zu beherrschen. All diese Vorteile von Metta-Meditationen häufen sich, je regelmäßiger diese Meditationsform angewendet wird.

Eine große Herausforderung stellt für Suchterkrankte die Selbstdisziplin, ihrer Sucht standzuhalten, dar. Mit Meditationen kann dies gelingen, da sie dabei unterstützen, Abhängigkeiten zu durchbrechen und eine Selbstkontrolle zu installieren. Das Bewusstsein für die Suchtauslöser kann ebenfalls durch Meditationspraktiken erhöht werden. Forschungen zeigen, dass mithilfe der Meditation die Willenskraft gesteigert, Impulse kontrolliert und Aufmerksamkeiten umgelenkt werden können. All das fördert den Heilungsprozess von Suchterkrankten nachweislich. Ferner erleichtern Meditationen es Menschen, die ihre Sucht erfolgreich in den Griff bekommen haben, mit ihrem daraus resultierenden Stress besser umzugehen. Jeden Tag „clean“ bzw. „trocken“, also standhaft gegenüber der Sucht zu bleiben, erzeugt enormen Stress bei den Abhängigen. Eine Untersuchung mit 19 trockenen Alkoholikern schlüsselte auf, dass diejenigen, die in Meditation geschult wurden, besser in der Lage waren, ihr Verlangen und den daraus folgenden Stress zu kontrollieren, als die Kontrollgruppe. Die Teilnehmenden lernten durch spezielle Techniken, ihr Bewusstsein zu erweitern sowie sich auf den gegenwärtigen Moment zu konzentrieren. Die Meditation half den trockenen Alkoholikern dabei, ihre Aufmerksamkeit auf die gegenwärtigen Erfahrungen zu richten und ihre Gedanken und Gefühle zu regulieren, anstatt impulsiv auf ihr Verlangen nach Alkohol zu reagieren.

Die Schlussfolgerung:
Meditation ist ein wertvolles Werkzeug, um Menschen bei der Überwindung von Abhängigkeiten zu unterstützen!

Das gilt im Übrigen ebenso für zwanghaftes Essverhalten. Das Verlangen nach Nahrung lässt sich mithilfe von Meditationseinheiten kontrollieren. Ferner können Heißhungerattacken vermieden werden. 14 Studien, unter anderem die Studie „Mindfulness meditation as an intervention for binge eating, emotional eating, and weight loss: a systematic review" aus dem Jahr 2014, belegen, dass die Teilnehmenden es schafften, ihre emotionale Bindung zum Essen so weit zu reduzieren, dass zwanghaftes Essen kein Thema mehr war. Mit Meditation gelingt es uns, mentale Disziplin und Willenskraft zu steigern. Positive Effekte: Erholung bei Suchterkrankungen, Gewichtsreduktion oder die Fähigkeit, unerwünschte Handlungen und Gedanken umleiten zu können.

Regelmäßig durchgeführte Meditationen verbessern zudem unseren Schlaf. In einer Forschungsstudie wurden zwei verschiedene Meditationsprogramme verglichen, die beide auf Achtsamkeit basieren. Eine Gruppe praktizierte regelmäßig Meditation, während die andere Gruppe nicht meditierte. Diejenigen, die regelmäßig meditierten, konnten schneller einschlafen und hatten längere Schlafzeiten im Vergleich zu denen, die nicht meditierten. Die Teilnehmenden lernten, ihre Aufmerksamkeit auf den gegenwärtigen Moment zu richten sowie Gedanken loszulassen, die den Schlaf stören können. Die Probanden hatten mehr

Kontrolle über ihre Gedanken und ihren Körper, was wiederum zu einem besseren Schlaf führte. Diese Ergebnisse zeigen, dass Meditation ein effektives Mittel sein kann, um Schlafprobleme nachhaltig zu verbessern. Eine große Studie mit 3.500 Studienteilnehmenden untersuchte die Auswirkungen auf Schmerzen bei regelmäßig durchgeführten Meditationen. Die Feststellung: Wer meditierte, nahm weniger Schmerzen wahr als die Kontrollgruppe. Das galt für kurzfristige Schmerzen, aber ebenso für chronische Schmerzen. Meditation kann sogar sinnvoll am Ende eines Lebens eingesetzt werden, durch eine zusätzliche Untersuchung mit Probanden, die eine terminale Erkrankung vorzuweisen hatten, konnte erwiesen werden, dass chronische Schmerzen durch Meditation gelindert werden können.

Terminale Erkrankungen

Terminale Erkrankungen beziehen sich auf Krankheiten sowie medizinische Zustände, die fortschreitend sind und letztendlich zum Tod führen. Der Begriff „terminal" bezieht sich auf die Endphase einer Erkrankung, in der es keine Heilung oder wirksamen Behandlungsmöglichkeiten gibt, um die Erkrankung umzukehren oder zu stoppen. Beispiele für terminale Erkrankungen sind fortgeschrittene Krebsarten, unheilbare Herz-Kreislauf-Erkrankungen und bestimmte neurodegenerative Erkrankungen wie die Alzheimer-Krankheit. Menschen mit terminalen Erkrankungen benötigen oft spezielle Betreuung sowie Unterstützung, um ihre Lebensqualität zu verbessern und ihnen bei der Bewältigung ihrer Erkrankung zu helfen.

Ein weiterer positiver Effekt von Meditationen ist die Auswirkung auf unseren Blutdruck. Belastungen durch Bluthochdruck auf Herz sowie Arterien lassen sich mit Meditationen in den Griff bekommen. Menschen können auf diese Art zum Beispiel ebenso Herzkrankheiten vorbeugen. Fassen wir zusammen: Meditationen wirken sich vorteilhaft auf unsere Gesundheit aus. Des Weiteren lassen sich Meditationen so gut wie überall durchführen. Man benötigt keine Hilfsmittel, um mit sich selbst in

Kontakt zu treten. Wichtig ist nur eine ruhige Umgebung ohne störende Geräuschkulisse und schon können Sie loslegen. Im Übrigen reichen schon wenige Minuten täglich aus, um von dem einen oder anderen Vorteil zu profitieren. Je mehr Sie jedoch meditieren, umso mehr positive Effekte können sich einstellen. Doch jede Meditationseinheit nützt kaum etwas, wenn wir nicht lernen, bestimmte Atemtechniken anzuwenden. Denn in der Regel atmen viele von uns falsch – ohne es zu wissen! Dazu mehr im anschließenden Kapitel.

Übung: Metta-Meditation

Bei dieser Übung geht es darum, liebevolle Affirmationen und Wünsche zu entwickeln, anzunehmen und zu senden. In der Regel beginnen Sie bei sich selbst, dann schenken Sie bestimmten Menschen in Ihrem Umfeld und am Ende allen Lebewesen die notwendige Aufmerksamkeit.

Hier gehen Sie folgendermaßen vor:

Suchen Sie sich beispielsweise einen der folgenden Sätze aus:

- Möge ich zufrieden sein
- Möge ich gesund sein
- Möge ich in Sicherheit sein
- Möge ich glücklich sein

Sie können aber ebenso einen anderen Satz wählen, der mehr Ihren Wünschen entspricht. Wichtig ist nur, dass Sie sich für einen Satz entscheiden, den Sie sich und anderen immer wieder sagen möchten (später, mit etwas mehr Übung, können Sie die Übung mit mehreren Affirmationen tätigen).

Um die Übung umzusetzen, sollten Sie sich ganz bequem hinsetzen. Schließen Sie anschließend Ihre Augen, um sich nicht von der Umgebung ablenken zu lassen.

Sagen Sie sich in Gedanken immer wieder Ihren gewählten Satz, zum Beispiel: „Möge ich zufrieden sein."

Wiederholen Sie diesen Satz in Ihren Gedanken, so lange, wie es sich für Sie richtig anfühlt.

Danach lenken Sie Ihre Gedanken auf eine bestimmte Person in Ihrem Umfeld, dies kann eine Ihnen nahestehende Person oder sogar jemand sein, den Sie vielleicht nicht sonderlich mögen. Jetzt wünschen Sie dieser Person: „Mögest du zufrieden mit deinem Leben sein."

Diesen Satz wiederholen Sie ebenfalls so lange, bis Sie das Gefühl haben, die Botschaft wurde ans Universum gesandt.

Zum Schluss widmen Sie Ihre Botschaft an alle Lebewesen und sagen in Ihren Gedanken diese Worte immer und immer wieder auf: „Mögen wir alle zufrieden mit uns und allen anderen sein."

Wiederholen Sie die Worte an alle Lebewesen ebenfalls so lange, bis Sie das Gefühl haben, das Universum hat Ihre Botschaft vernommen.

DER ATEM ALS MEDITATIONSOBJEKT

Jetzt, gerade in diesem Moment atmen Sie wie viele andere Lebewesen auf der Welt. Obwohl Sauerstoff von allen Lebewesen benötigt wird, fallen unsere Atemzüge meist zu kurz und flach aus, um eine solide Sauerstoffsättigung im Blut zu erreichen – besonders dann, wenn wir überfordert sind oder unter Stress stehen. Bewusstes Atmen ist nicht nur bei der Ausübung von Meditationen sinnvoll, sondern ein wichtiger Aspekt unserer Gesundheit. Lernen Sie mit uns gemeinsam, wie Sie richtig atmen und welche Atemübungen Sie sinnvoll im Alltag sowie bei Meditationen einsetzen können. Verabschieden Sie sich von der oberflächlichen Atmung, die nur dazu führt, sich schlapp sowie energielos zu fühlen, und die sogar zu Kopfschmerzen führen kann, da unser Kreislauf nicht mit ausreichend Sauerstoff versorgt wird. Nur selten nutzen wir wirklich unser gesamtes Lungenvolumen, dabei ist es so wichtig, den Körper regelmäßig mit genügend Sauerstoff auszustatten.

Aber was gilt tatsächlich als richtige Atmung und welche Technik steckt dahinter? Das klären wir in diesem Kapitel. Darüber hinaus geben wir Ihnen unterschiedliche Atemübungen an die Hand, die vorrangig aus dem Yoga stammen und mit denen Sie Ihre Sauerstoffsättigung massiv verbessern können. Wenn Sie die hier beschriebenen Atemübungen regelmäßig durchführen, werden Sie im Alltag bewusster darauf achten, tiefere sowie gleichmäßigere Atemzüge zu nehmen. Dadurch können Sie nachhaltig mehr innere Ruhe und Ausgeglichenheit erfahren. Atemübungen sind also eine einfache und effektive Methode zur Entspannung. Zudem lassen sie sich schnell erlernen.

Wenn man durch die Nase atmet, ist die Atmung im Allgemeinen ruhiger und länger. Es gibt jedoch große Unterschiede zwischen der Bauch- und Zwerchfellatmung sowie der Brustatmung. Der Prozess ist ganz einfach: Wir atmen durch die Nase, den Mund, den Rachen sowie den Kehlkopf Luft ein, diese wird dann über die Luftröhre in unsere Bronchien und Lunge geleitet. Erst unsere Lungenbläschen sorgen dafür, dass die Gase so umgewandelt werden, dass sie unser Blutkreislauf nutzen kann. Durch unsere Blutgefäße gelangt dann der aufgenommene und umgewandelte Sauerstoff in jede Zelle unseres Körpers.

Die wichtigsten Funktionen des Atemprozesses:

- Verbesserte Sauerstoffversorgung des Körpers
- Reibungsloser Ablauf der Stoffwechselprozesse
- Steigerung der Gehirnfunktion
- Erhöhte Energiegewinnung
- Förderung des inneren Gleichgewichts
- Abbau negativer Gedanken und Emotionen
- Erhöhte Zellatmung
- Anregung der Wärmeproduktion im Körper
- Steigerung des Wohlbefindens

Wie eingangs erwähnt, beschränken sich die meisten der nachfolgend vorgestellten Atemübungen auf Atemtechniken aus der Yoga-Praxis.

Gerade im Yoga ist eine richtige Steuerung der Atmung notwendig. Unterfunktionen im Körper werden durch die richtige Sauerstoffversorgung wieder in eine natürliche Atmung bis hin zur Vollatmung gebracht und das kann bei Yoga überaus unterstützend sein. In der Yoga-Praxis wird die Sauerstoffaufnahme gefördert und gleichzeitig der Ausstoß schädlicher Stoffe maximiert. Die bewusste Steuerung der Atmung wird im Yoga als Pranayama bezeichnet.

Pranayama:
Pranayama ist eine Form der Atemübung und auch ein wichtiger Bestandteil der Yoga-Praxis. Der Begriff „Pranayama" kommt aus dem Sanskrit und setzt sich aus „Prana" (Lebensenergie) und „Ayama" (Ausdehnung, Kontrolle) zusammen. Durch die bewusste Steuerung des Atems werden verschiedene Körperprozesse beeinflusst, wie zum Beispiel der Stoffwechsel, das Nervensystem und der Geist. Pranayama-Übungen dienen dazu, den Atem zu verlangsamen, zu vertiefen sowie zu harmonisieren. Es gibt verschiedene Pranayama-Techniken mit unterschiedlichen Wirkungen auf den Körper und/oder Geist. Einige Techniken dienen dazu, den Körper zu entspannen und Stress abzubauen, während andere Techniken die Konzentration sowie die geistige Klarheit verbessern sollen.

Die drei Bereiche Konzentration, Körperübungen (Asanas) sowie die Atmung gehören zu den Kernthemen in der Yoga-Praxis und alle drei Aspekte sind gleichwertig zu betrachten, da sie eine Einheit bilden. Für eine wirkungsvolle Steuerung des Atems ist die richtige Ausführung der Asanas von relevanter Bedeutung. Ohne die richtige Ausübung schaffen wir es nicht, die richtige Atemtechnik anzuwenden.

Bevor Sie mit den gleich beschriebenen Atemübungen beginnen, gibt es noch ein paar Hinweise, die Sie vor sowie während der jeweiligen Atemübung beachten sollten. Nehmen Sie jede Atemübung ernst und versuchen Sie, jede Atemübung bewusst durchzuführen, bis diese in Fleisch und Blut übergeht. Wenn Sie unter Herzproblemen leiden, sollten

Sie vorab mit Ihrem Arzt abklären, ob Sie die Übungen durchführen dürfen, denn es gibt Übungen, die beispielsweise das wiederholte Anhalten und Herauslassen des Atems beinhalten.

Vor, während und nach den Atemübungen

Bevor Sie mit der Durchführung von Atemtechniken beginnen, sollten Sie einen passenden Ort auswählen. An sich können Sie die Atemtechniken jederzeit und überall ausüben, es ist aber empfehlenswert, sich dabei einen ungestörten bzw. ruhigen Platz zu suchen.

Hier sind weitere Empfehlungen:

- Nichts essen und trinken: Schweres oder fettiges Essen sollte etwa zwei Stunden vor der Atemübung nicht gegessen werden. Ihr Magen bzw. Ihr Darm sollte im Idealfall leer sein und vermeiden Sie es, etwa 30 Minuten vorher noch etwas zu trinken.

- Für eine freie Nase sorgen: Die Atemtechniken im Pranayama finden ausschließlich über die Nase statt. Das bedeutet, möglichst keine verstopfte Nase zu haben. Nasenspülungen mit Himalaya-Salz oder Meersalz können hierbei Abhilfe schaffen.

- Durchlüften des Raumes: Frische Luft ist wichtig und besonders dann, wenn Sie Atemübungen machen möchten. Aus diesem Grund sollte der Raum entsprechend durchgelüftet sein.

- Achten Sie auf bequeme Kleidung: Atmungsaktive und locker sitzende Kleidung ist für einen freien Atemrhythmus unerlässlich. Deshalb ziehen Sie sich gegebenenfalls um, sollten Sie das Gefühl haben, die Kleidung engt Sie zu sehr ein.

- Suchen Sie sich einen angemessenen Zeitraum aus: Wenn Sie sich müde oder erschöpft fühlen oder einfach unkonzentriert, dann können Sie mit der richtigen Atemtechnik wieder mehr Energie erlangen.

Während der Atemübung ist eine aufrechte Sitzhaltung wichtig. Ihre Wirbelsäule sollte aufgerichtet und Ihr Rücken gerade sein. Der Schneidersitz ist eine gute Sitzposition, um so etwas wie einen Energiekreis zu bilden. Das Prana kann sich dadurch freier bewegen. Es steht Ihnen aber ebenfalls frei, die Atemtechniken im Stehen anzuwenden. Probieren Sie für sich aus, was Ihnen mehr zusagt.

Energiekreislauf:
Der Energiekreislauf im Yoga bezieht sich auf den Fluss von Prana (Lebensenergie) durch die Energiekanäle (Nadis) und Energiezentren (Chakren) im Körper zur Förderung von Gesundheit sowie Bewusstseinserweiterung. Er ist essenziell für das Gleichgewicht von Körper, Geist und Seele. Durch Pranayama (Atemübungen) sowie Asanas (Körperhaltungen) können Blockaden gelöst, Energie gesteigert und spirituelles Wachstum gefördert werden.

Weitere Tipps während der Durchführung:

- Beständig durch die Nase atmen: Die Atemübungen sind effektiver, wenn Sie ausschließlich über die Nase ein- und wieder ausatmen. Die Atmung durch den Mund gilt es, zu vermeiden. Die Schleimhäute könnten ansonsten schnell an Feuchtigkeit verlieren.
- Regelmäßiger Atemrhythmus: Versuchen Sie durchweg, ruhig und gleichmäßig zu atmen, um einen gleichbleibenden Rhythmus beizubehalten. Mit der Zeit können Sie den Atem tiefer werden lassen. Dabei gilt es dann, auf eine entspannte, aber tiefe Ein- bzw. Ausatmung zu achten.

Nach der Anwendung der Atemtechniken sollten Sie sich selbst einige Minuten Zeit geben, um wieder in Ihren Alltag zurückzukehren. Empfehlenswert ist es, danach nicht zu baden oder zu duschen, selbst wenn Sie währenddessen ins Schwitzen geraten sind. Der Hintergrund: Der Schweiß während und nach den Atemübungen nach Pranayama-Art haben eine besondere Wirkung auf unseren Energiefluss im Körper.

Drei essenzielle Atemübungen

Im Pranayama gibt es unterschiedliche Atemtechniken, zum Beispiel die Bauch-, Flanken- oder Rückenatmung. Die beiden ersten Übungen möchten wir Ihnen im Detail vorstellen. Danach zeigen wir Ihnen, wie Sie bestimmte Übungen zu einer Vollatmung kombinieren können, denn Atemtechniken lassen sich einzeln oder zusammen ausführen. Aber auch die Feueratmung werden wir uns in diesem Kapitel etwas näher betrachten.

Übung: Die Bauch- bzw. Zwerchfellatmung

In der Yoga-Praxis gilt die Bauch- oder auch Zwerchfellatmung als wichtigste Atmung für alle nachfolgenden Asanas, also Yoga-Übungen. Umso wichtiger ist es, dass Sie diese Atemtechnik erlernen und wissen, wie Sie diese Atemtechnik automatisch abrufen können. Im Alltag nutzen wir vorwiegend die Brustatmung, die uns nicht erlaubt, das volle Potenzial unserer Lunge auszuschöpfen. Unbewusst setzen wir die Bauch- bzw. Zwerchfellatmung während des Schlafens oder bei anderen entspannten Zuständen ein. Nun gilt es, das Unbewusste zum Bewussten zu machen.

Wir beginnen damit, Ihnen die Bauchatmung im Sitzen vorzustellen:

Setzen Sie sich in einer aufrechten Haltung auf einen Stuhl, Hocker oder einfach auf den Boden. Es steht Ihnen frei, diese Übung ebenso im Liegen zu absolvieren.

Legen Sie anschließend eine Hand auf die Brust und die andere Hand auf Ihrem Bauch ab.

Atmen Sie indessen ein und wieder aus, so wie Sie es normalerweise tun. Achten Sie dabei einmal auf Ihre Hände. Die Hand auf Ihrer Brust bewegt sich unter Garantie mehr als die Hand auf Ihrem Bauch. Das spricht dafür, dass Sie es gewohnt sind, die Brustatmung anzuwenden. Jetzt geht es darum, bei der nächsten Einatmung bewusst in den Bauch zu atmen. Wenn es Ihnen tatsächlich gelingt, dann wird sich Ihr Bauch leicht mit Luft füllen. Bei der Ausatmung wird er dann wieder eingezogen. Zu

Beginn ist es gar nicht so einfach, seine Atmung umzulenken, aber mit der Zeit wird es Ihnen leichter fallen.

Atmen Sie ruhig mehrere Male ein und wieder aus, um ein Gefühl für diese Atemtechnik zu bekommen. Wichtig ist, dass Sie während der Übung durchgehend durch die Nase ein- und wieder ausatmen.

Wenn Sie die Atemübung beherrschen, dann empfehlen wir Ihnen, die Technik ca. zehnmal anzuwenden, das bedeutet, dass Sie ungefähr einen Atemzyklus mit Ein- und Ausatmen absolvieren sollten.

Übung: Die Flankenatmung

Mit dieser Atemtechnik können Sie Ihren Atem in die Seiten Ihres Körpers lenken. Gerade in stressigen Situationen, bei Kurzatmigkeit oder Druckgefühl in der Brust hilft Ihnen die Flankenatmung dabei, wieder ruhig sowie gelassen zu werden. Zudem kann Ihnen die Übung helfen, wieder in den Schlaf zu finden oder generell tiefer sowie besser einzuschlafen. Manchmal wird die Flankenatmung als Herzatmung betitelt. Das kommt daher, dass das Herz mehr Platz bekommt, da die Lungenflügel sich bei der Flankenatmung stärker zur Seite ausdehnen. Die Atemtechnik lässt sich ebenfalls sowohl im Sitzen als auch im Liegen durchführen.

Schritt-für-Schritt-Anleitung:

Setzen Sie sich bequem auf den Boden, einen Hocker oder einen Stuhl. Wenn es sich für Sie gut anfühlt, nehmen Sie für die Flankenatmung gerne den Schneidersitz ein.

Wenn Sie möchten, können Sie die Augen schließen. Wichtig ist jedoch, dass Sie Ihre Hände seitlich an Ihren Rippen auflegen.

Atmen Sie nun ruhig, aber tief in die Seiten hinein.

Die Übung machen Sie so lange, bis Sie das Gefühl haben, dass sich innere Ruhe in Ihnen einstellt.

Empfehlenswert ist es, den Atemzyklus mindestens zehnmal zu wiederholen.

Übung: Die Vollatmung

Mithilfe der Vollatmung ist es Ihnen möglich, die maximale Sauerstoffaufnahme und damit die universelle Lebensenergie aufzunehmen. Diese Technik verbindet Ihr Zwerchfell, Ihren Bauch und die obere Atmung miteinander. Um sie einmal wirklich beherrschen zu können, müssen Sie viel Geduld und Ausdauer mitbringen. Bis dahin heißt es üben, üben und nochmals üben.

So funktioniert die Vollatmung:

Entscheiden Sie sich zunächst einmal dafür, die Übung im Sitzen oder im Liegen durchzuführen.

Legen Sie danach Ihre Hand sanft auf Ihren Knien oder Oberschenkeln ab, wenn Sie sich für eine aufrechte Position entschieden haben. Wenn Sie auf dem Rücken liegen, dann sollten die Hände neben dem Körper platziert werden.

Die Handflächen zeigen entweder nach oben oder nach unten, je nachdem, ob Sie Ihren Körper auf Empfang stellen (Handflächen nach oben ausgerichtet) oder ihn eher erden möchten (Handflächen nach unten).

Jetzt werden Sie zum aufmerksamen Beobachter Ihrer Atmung. Spüren Sie, wie Sie sanft die Luft ein- und wieder ausatmen? Wenn Sie möchten, können Sie auch ein Mantra benutzen, um sich selbst in diesem Prozess zu unterstützen, zum Beispiel „Ich atme ein“ und „Ich atme aus“.

Übernehmen Sie diese ruhige Atmung für etwa eine Minute. Anschließend gehen Sie langsam in die yogische Vollatmung über. Diese beginnt mit der Bauch- bzw. Zwerchfellatmung.

Legen Sie Ihre Hände auf Ihren Bauch und konzentrieren Sie sich nun explizit auf Ihre Bauchatmung, wie Sie es bei der Übung „Die Bauch- bzw. Zwerchfellatmung“ bereits gelernt haben. Spüren Sie, wie sich Ihr Bauch anhebt und wieder senkt?

Die Bauchatmung darf mit jedem Atemzug tiefer und tiefer werden. Gleichzeitig sollten Sie aber auf eine gleichmäßige Atmung achten.

Insgesamt sollten Sie die Zwerchfellatmung etwa zehnmal vollzogen haben, bevor es in die Flankenatmung übergeht.

Ihre Hände wandern inzwischen langsam auf Ihre äußeren Rippenbögen.

Wie Sie es im vorherigen Abschnitt bereits erlernt haben, atmen Sie nun ruhig in Ihre Seiten hinein.

Mit jedem Ausatmen sinken die Rippenbögen ein und Ihr Herz hat genügend Platz, sich auszudehnen.

Auch diesen Teil der Vollatmung gilt es, ca. zehnmal durchzuführen, bevor es mit der allgemein bekannten Brustatmung weitergeht.

Für die Brustatmung haben wir Ihnen keine extra Übung aufgeführt, da wir diese im Alltag häufig anwenden. Trotzdem eine kleine Anmerkung an der Stelle: Ihre Handflächen können nach der Flankenatmung auf den Rippen liegen bleiben.

Ferner können Sie nun damit beginnen, Ihre Atmung in den Brustkorb umzuleiten. Atmen Sie weiterhin ruhig und beständig. Beobachten Sie Ihren Atem. Diese Übung machen Sie bitte ebenfalls zehnmal, bevor Sie die Vollatmung beenden.

Die Vollatmung sollten Sie niemals abrupt abbrechen oder beenden. Wir zeigen Ihnen, wie Sie Ihren Körper sowie Geist wieder ins Hier und Jetzt zurückholen, doch zuvor verbinden Sie zunächst die eben mit Luft durchfluteten Körperpartien miteinander:

Beginnen Sie damit, Ihre Hände wieder in die Eingangsposition zurückzulegen. Im Sitzen waren es die Knie oder Oberschenkel. Im Liegen lagen Ihre Hände zu Beginn neben Ihrem Körper.

Sie haben jetzt ein Bewusstsein für Ihren Bauch, Ihr Zwerchfell, Ihren Rippenbogen und Ihren Brustkorb geschaffen.

Atmen Sie beständig und führen Sie Ihre aufgenommene Atemluft zuerst in Ihren Bauchraum, dann in die seitlichen Flanken und zum Schluss in Ihren Brustkorb.

Wenn Sie ausatmen, gehen Sie den umgekehrten Weg. Lassen Sie die Luft erst über die Brust, dann über die Flanken und danach aus dem Bauch „strömen".

Wiederholen Sie diese Atemwelle, so oft Sie möchten. Beobachten Sie dabei, wie sich Ihr gesamter Oberkörper inklusive Bauchpartie mit Luft füllt und diese Luft wieder den Körper verlässt.

Gehen Sie danach langsam in Ihren normalen Atemrhythmus über. Sie können zudem die Augen wieder öffnen, falls Sie sich dazu entschlossen hatten, diese während der Vollatmung zu schließen.

Machen Sie jetzt kleinere Bewegungen mit den Händen, Armen, Beinen und Füßen, um Ihren Kreislauf wieder in Schwung zu bekommen.

Wenn Sie sich bereit fühlen, dann setzen Sie sich langsam auf, wenn Sie die Übung im Liegen absolviert haben, oder stehen Sie langsam auf, wenn Sie die Vollatmung im Sitzen getätigt haben. Willkommen zurück!

Übung: Die Feueratmung

Die Feueratmung beinhaltet das kontrollierte Ausatmen von Luft in relativ kurzen sowie scharfen Ausstößen. Dafür ist der Mund ein Stück weit geöffnet. Mit dieser speziellen Atemtechnik können Sie Ihre Energien aktivieren, um Ihren Körper sowie Ihren Geist auf schnelle Art und Weise zu stärken. Der Atemrhythmus wird bei dieser Übung beschleunigt, sodass der Körper in kurzer Zeit mit mehr Sauerstoff versorgt wird, und dies wiederum erhöht unser Energielevel massiv. Die Bauchmuskulatur aktiviert sich dabei und unser Zwerchfell bewegt sich intensiver. Mit der Feueratmung können Sie Ihren Stoffwechsel und Ihre Durchblutung positiv beeinflussen. Gleichzeitig sorgen Sie dafür, dass Ihr Körper tiefergehend entgiften kann. Es ist ratsam, diese Technik unter Anleitung eines erfahrenen Lehrers, zum Beispiel eines Yoga-Lehrers, zu erlernen, um sicherzustellen, dass sie korrekt ausgeführt wird und keine unerwünschten Nebenwirkungen auftreten.

Hinweis:

Die Feueratmung ist nicht für jede Person gleichermaßen geeignet. Wenn Sie schwanger sind, Herz-Kreislauf-Probleme haben oder unter einem hohen Blutdruck leiden, dann dürfen Sie diese Technik nicht ohne Weiteres anwenden.

So wird die Feueratmung durchgeführt:

Setzen Sie sich auf den Boden oder auf einen Stuhl. Nutzen Sie gerne den Schneidersitz für die Durchführung dieser Übung.

Ihr Körper und Ihr Geist sollten möglichst entspannt sein, bevor Sie die Feueratmung beginnen. Atmen Sie einige Male tief ein und wieder aus.

Bleiben Sie während der ganzen Anwendung ganz bei sich, um sich vollends auf sich selbst zu konzentrieren.

Entspannen Sie Ihren Kiefer und öffnen Sie leicht Ihren Mund.

Atmen Sie schnell, aber rhythmisch durch Ihren Mund aus, während Sie Ihren Bauch aktiv bewegen. Die Einatmung erfolgt automatisch.

Konzentrieren Sie sich besonders auf das schnelle schwallartige Ausatmen.

Wiederholen Sie den Atemzyklus ca. zehnmal, bevor Sie wieder in eine ruhige sowie langsamere Atmung übergehen. Beobachten Sie sich und Ihre Empfindungen.

Bekannt ist ebenfalls, dass Meditation unsere Aufmerksamkeitsspanne erhöhen kann. Wenn Sie zum Beispiel regelmäßig eine Meditation mit fokussierter Aufmerksamkeit durchführen, dann steigern Sie ganz automatisch Ihre Aufmerksamkeit im Alltag. Vier Studien, unter anderem die „Mindfulness training modifies subsystems of attention"-Studie aus dem Jahr 2007 und die „Initial results from a study of the effects of meditation on multitasking performance"-Studie aus dem Jahr 2011, belegen, dass sich die Fähigkeit zur Neuorientierung sowie Aufrechterhaltung der Aufmerksamkeit der Probanden sich stark verbessert hat. Eine dieser Studien führte eine ähnliche Untersuchung mit Personalverantwortlichen durch. Diese praktizierten regelmäßig Achtsamkeitsmeditationen – das Resultat? Die Teilnehmenden der Studie waren wesentlich länger konzentriert bei ihren Aufgaben als die Kollegen, die keine Meditationen machten. Des Weiteren konnten sich die Probanden, die meditierten, viel besser an die Details ihrer Aufgabe erinnern. Eine andere dieser Studien kommt zu dem Fazit, dass wir mithilfe von Meditationen komplette Denkmuster durchbrechen und auch umprogrammieren können. Wenn Praktizierende vorher über Unkonzentriertheit, wandernde Gedanken oder schlechter Aufmerksamkeit klagten, konnten sie diese Muster im Gehirn leichter umkehren und waren automatisch aufmerksamer in ihren Tätigkeiten als auch bei ihrer Auffassungsgabe. Im Übrigen reichen vier Tage mit ein paar Minuten Meditationseinheiten aus, um die eigene Aufmerksamkeitsspanne zu erhöhen. Zu diesem Ergebnis kam ebenfalls eine der vier Studien.

Wenn die Meditation gut für unsere Aufmerksamkeitsspanne ist, dann ist sie es ebenso für unser Gedächtnis. Wer meditiert und das in aller Regelmäßigkeit, der kann es schaffen, seinen Geist jung zu halten. Das belegt die Studie „Stress, Meditation, and Alzheimer's Disease Prevention: Where The Evidence Stands" aus dem Jahr 2015, bei der die Teilnehmenden mithilfe der Kirtan-Kriya-Meditation ihre Gedächtnisleistung verbesserten trotz altersbedingten Gedächtnisverlusts.

Kirtan Kriya:
Kirtan Kriya ist eine meditative Praxis aus dem Kundalini-Yoga, die das Singen eines bestimmten Mantras mit gleichzeitigem Klopfen der Finger kombiniert. Es ist bekannt für seine Stress reduzierenden und entspannenden Effekte sowie seine Fähigkeit, das Gehirn zu stimulieren und die kognitive Funktion zu verbessern.

Ferner ergab eine Untersuchung von 12 Studien, dass Meditationen durchaus bei älteren Probanden das Gedächtnis verbessern sowie die Aufmerksamkeit und die geistige Leistungsfähigkeit erhöhen. Nachzulesen ist diese Überprüfung in der Studie „The potential effects of meditation on age-related cognitive decline: a systematic review" aus dem Jahr 2014. Bei Demenzerkrankten kommen die Forscher zu dem Schluss, dass Meditationen zumindest die Gedächtnisleistung teilweise verbessern können. Angehörige, die ebenfalls meditieren, fällt es zudem leichter, die Betreuung von an Demenz erkrankten Familienmitgliedern zu übernehmen. Sie fühlen sich weniger gestresst und können der Bewältigung dieser wichtigen Aufgabe leichter entgegentreten.

Wenn auch Sie Ihre Gedächtnisleistung optimieren und jung halten möchten, dann empfehlen wir Ihnen, regelmäßig Meditationen zu praktizieren. Die Vorteile liegen auf der Hand: Selbst altersbedingte Gedächtnisschwächen bis hin zu Demenz lassen sich mithilfe von Meditationen verbessern.

Wir möchten Ihnen gleich im Anschluss die Übung „Geführte Meditation" vorstellen. Diese ist perfekt dazu geeignet, die eigene Achtsamkeit zu optimieren. Wie alle Meditationsarten haben geführte Meditationen weitaus mehr positive Effekte auf uns.

Die vielen Vorteile geführter Meditationen sind:

- Reduzierung von Stress und Angst
- Erhöhung der Achtsamkeit
- Verbesserung des Schlafes
- Verbesserung der Konzentration
- Förderung des (emotionalen) Wohlbefindens
- Förderung der Selbstreflexion
- Stärkung des Immunsystems
- Steigerung der Kreativität

Geführte Meditation:
Bei einer geführten Meditation werden Sie durch ein bestimmtes Erlebnis geleitet. Sie kennen dieses Phänomen, wenn Sie zum Beispiel ein Hörbuch anhören oder selbst ein Buch lesen. Sie werden förmlich in die jeweilige Geschichte hineingezogen. Auf ähnliche Art und Weise funktioniert die geführte Meditation. Der Unterschied ist, dass Sie sich dabei in einer leichten bis mittleren Trance befinden können.

Übung: Geführte Meditation

Wir möchten Sie dabei unterstützen, Ihre nun gleich folgende geführte Meditation zu genießen. Bereiten Sie sich gut auf die geführte Meditation vor. Suchen Sie sich einen ruhigen sowie abgedunkelten Raum, machen Sie es sich bequem, indem Sie beispielsweise einen angenehmen Duft versprühen, ein paar Kerzen anzünden (Anm. Autorin: Beachten Sie, dass die Kerzen gesichert stehen sollten, geeignet wären Teelichter) und sich ganz und gar fallen lassen. Vorweg: Wenn Sie gleich zu Beginn bemerken, dass Ihnen die geführte Meditation momentan nicht zusagt, dann müssen Sie diese nicht komplett anhören bzw. abschließen. Wichtiger ist es, sich im Vorfeld aus mehreren geführten Meditationen die für sich angenehmste Aufzeichnung auszuwählen. Wir Menschen können manchmal sehr empfindsam sein, so ist es tatsächlich oftmals die Sprechstimme oder die Hintergrundmusik, die wir als störend empfinden. Probieren Sie einfach mehrere geführte Meditationen aus, bevor Sie sich für Ihren Favoriten endgültig entscheiden. In unserem Beispiel beziehen wir uns auf eine geführte Bodyscan-Meditation. An dieser Stelle noch einmal der Hinweis, dass Sie sich für jegliche Meditationsform an einen Ort der Ruhe begeben sollten, das gilt natürlich ebenso für die Bodyscan-Meditation. Es ist eben ungemein wichtig, dass Sie für diese Zeit absolut ungestört sind, um sich voll und ganz auf sich selbst konzentrieren zu können.

Sind Sie bereit? Dann lassen Sie uns beginnen:

„Herzlich Willkommen zur geführten Bodyscan-Meditation. Nehmen Sie sich jetzt einen Moment Zeit, um sich bequem hinzusetzen oder sich auf Ihrer Yogamatte auszustrecken. Schließen Sie sanft Ihre Augen und lenken Sie Ihre Aufmerksamkeit auf Ihren Atem.

Beginnen Sie damit, sich bewusst zu entspannen, indem Sie tief ein- und ausatmen. Spüren Sie, wie sich Ihr Körper mit jedem Atemzug entspannt und wie sich jede Anspannung langsam löst? Versuchen Sie, alle Gedanken sowie Sorgen des Tages loszulassen, und erlauben Sie sich, ganz präsent in diesem Moment zu sein.

Richten Sie nun Ihre Aufmerksamkeit als Erstes auf Ihre Füße. Spüren Sie, wie sie auf dem Boden aufliegen? Nehmen Sie wahr, ob sie sich warm oder kühl anfühlen, ob Sie Spannungen oder Druckpunkte in Ihren Füßen bemerken? Konzentrieren Sie sich für einige Zeit auf Ihre Füße. Verweilen Sie einen Moment in dieser Achtsamkeit. Schenken Sie Ihren Füßen liebevolle Aufmerksamkeit und senden Sie Ihnen Dankbarkeit.

Jetzt wandert Ihre Aufmerksamkeit sanft zu Ihren Beinen. Nehmen Sie wahr, wie sich jetzt gerade Ihre Beine anfühlen?

Sind Ihre Beine entspannt oder angespannt? Versuchen Sie indessen, Ihre Muskeln, Sehnen und Knochen in Ihren Beinen zu fühlen. Nehmen Sie wahr, ob es irgendwelche Empfindungen in Ihren Beinen gibt, sei es Kribbeln, Schwere oder Leichtigkeit? Wichtig ist, dass Sie alles akzeptieren, was Sie jetzt und hier wahrnehmen, ohne es dabei zu bewerten oder ändern zu wollen.

Lenken Sie nun Ihre Aufmerksamkeit auf Ihren Bauch und Ihre Brust. Spüren Sie die sanften Bewegungen Ihres Atems, wie er Ihren Bauch zum Auf- und Abheben bringt. Nehmen Sie die Ausdehnung sowie den Rückzug Ihrer Brust wahr? Bemerken Sie die Energie, die mit jedem Atemzug durch Ihren Körper fließt? Erlauben Sie sich, in diesem Moment ganz mit Ihrem Atem verbunden zu sein.

Richten Sie Ihre Aufmerksamkeit nun auf Ihre Hände und Arme. Nehmen Sie wahr, wie sich Ihre Hände sowie Arme anfühlen? Spüren Sie die Wärme oder Kühle in Ihren Händen oder die Empfindungen in Ihren Fingern? Lassen Sie Ihre Hände und Arme völlig entspannt und senden Sie ihnen ebenfalls Dankbarkeit für all die Arbeit, die sie für Sie in den letzten Tagen, Wochen und Jahren geleistet haben.

Als Nächstes ruhen Sie sich einen Moment in der Achtsamkeit Ihres Nackens sowie Kopfes aus. Lassen Sie alle Anspannung los und spüren Sie die Entspannung, die sich in Ihrem Nacken, Ihren Schultern und Ihrem Kopf ausbreitet. Wie fühlen sich in diesem Moment Ihre Kopfhaut und Ihr Gesicht an? Lassen Sie alle Gedanken sowie Sorgen vorbeiziehen und bleiben Sie mit Ihrer Aufmerksamkeit in diesem Moment.

Verbinden Sie sich jetzt ein letztes Mal mit Ihrem ganzen Körper auf einmal. Spüren Sie, wie jede Zelle Ihres Körpers mit Harmonie und Energie erfüllt ist? Spüren Sie, wie Ihr Körper, Ihre Seele und Ihr Geist eine Einheit gebildet haben? Sagen Sie sich jetzt in Gedanken, wie wunderbar Sie sind und dass Sie genauso richtig sind, wie Sie sind.

Kehren Sie zum Schluss mit Ihrer Aufmerksamkeit wieder zurück zu dem Raum, in dem Sie gerade sitzen bzw. liegen. Öffnen Sie sanft Ihre Augen und nehmen Sie aktiv Ihre Umgebung wahr. Fühlen Sie die Energie, die Sie während der Bodyscan-Meditation erfahren haben, in Ihnen nachklingen? Nehmen Sie sich einen Moment Zeit, um dieses Gefühl vollends zu genießen, und beginnen Sie damit, diese Erfahrung nicht nur zu reflektieren, sondern diese ebenso zu schätzen. Erkennen Sie, wie sich Ihre Achtsamkeit auf Ihr Wohlbefinden und Ihre innere Balance ausübt?

Vielen Dank, dass Sie an dieser Bodyscan-Meditation teilgenommen haben. Möge Ihr Körper gestärkt, Ihre Seele genährt sowie Ihr Geist beruhigt sein. Ich wünsche Ihnen einen wundervollen Tag voller Achtsamkeit und innerer Harmonie.

Namasté."

Wir laden Sie ein, diese Form der Achtsamkeit in Ihren Alltag mitzunehmen. Halten Sie regelmäßig inne und widmen Sie sich ganz Ihnen selbst, um Ihrem Körper, Ihrer Seele und Ihrem Geist die notwendige Aufmerksamkeit zukommen zu lassen.

Buddhismus im Alltag

Unter allen Umständen zu funktionieren, das ist der Alltag von vielen Menschen. Wir benötigen Hilfsmittel zum Herunterkommen, zum Einschlafen und zum Aufputschen. Wir müssen arbeiten, um Geld zu verdienen sowie Steuern zu zahlen, und kaufen allen möglichen Klimbim, von dem wir denken, dass wir ihn benötigen. Selbstverständlich schafft es der eine oder andere von uns, einen schönen Urlaub zu buchen oder sich die Sorgen in einem Wellnessbereich wegkneten zu lassen. Aber oftmals ist das nur ein temporärer Effekt der Entspannung, der nicht lange vorhält und direkt einen bis zwei Tage nach dem Urlaub bereits wieder „verpufft" ist. Wie sehr wünschen wir uns manchmal, das Hamsterrad verlassen zu wollen, nicht nur für ein paar Tage im Jahr, sondern prinzipiell, denn am Ende unseres Lebens stellen wir uns zurecht die Frage: „War die ganze Plagerei die Mühe wert?"

Ratgeberbücher, Zeitschriften oder YouTube-Tutorials mit der Prämisse „Wellness für zu Hause" zeigen uns, wie jeder von uns eine kostengünstige Wellness-Oase in den eigenen vier Wänden schaffen kann. Und vielleicht gelingt es auch beispielsweise Ihnen, einmal in der Woche einen Wellness-Tag einzulegen. Aber es gibt Wege, wie die des Buddhismus, die uns dabei unterstützen können, ein entspanntes Leben zu führen – zu jederzeit, selbst, wenn einen der Stress übermannt. Dieses Kapitel zeigt Ihnen, wie Sie die buddhistischen Lehren in Ihrem Alltag anwenden können, ohne jeglichen Schnickschnack.

ZUR RICHTIGEN ZEIT AM RICHTIGEN ORT

Der Buddhismus lehrt uns, dass wir in der Regel immer zur richtigen Zeit am richtigen Ort sind. Menschen, denen wir begegnen, oder Umständen, denen wir ausgesetzt sind, egal, ob positiv oder negativ, helfen bzw. fordern uns dahingehend, dass wir wachsen oder eine wichtige Lektion im Leben erlernen.

Der Dalai Lama sagte einst:

„Die schwierigste Zeit in unserem Leben ist die beste Gelegenheit, innere Stärke zu entwickeln."

Behalten Sie deswegen immer im Hinterkopf, dass allem im Leben eine Lernaufgabe zugrunde liegt, die wir erkennen und annehmen sollten. Es folgen zwei Übungen, die Ihnen dieses Prinzip vereinfachen werden.

Übung: Selbstreflexion trainieren

Wenn Sie sich selbst am besten kennen, dann werden Sie nicht mehr von sich selbst überrascht sein, wenn Sie in bestimmten Situationen auf eine bestimmte Art und Weise reagieren. Wenn Sie die Selbstreflexion beherrschen, dann können Sie schneller gegensteuern, wenn Sie bemerken, dass Ihre Gefühle, Ihr Handeln oder Ihre Denkmuster Sie in eine falsche Richtung führen. Wenn Sie sich selbst kritisch hinterfragen, dann werden Sie die richtigen Schlüsse ziehen können und Ihre Emotionen entsprechend anpassen. Lassen Sie uns gemeinsam an Ihrer Fähigkeit zur Selbstreflexion arbeiten.

Hier geben wir Ihnen ein paar Tipps für eine bessere Selbstreflexion:

1. **Finden Sie Ihr Thema:** Letztendlich könnten Sie über alles und jeden reflektieren und bevor Sie sich der ultimativen Frage nach „Wer bin ich?" annähern, sollten Sie vorab erst einmal auf Spurensuche in Ihnen selbst gehen. Sie können dabei klein anfangen, und zwar mit dem, was Sie derzeit beschäftigt. Fragen Sie in sich hinein und erkennen Sie, ob es ein Erlebnis oder eine Erfahrung gab, die Sie gerne näher beleuchten möchten. Halten Sie diesen Gedanken unbedingt fest. Sie können die Situation ebenso auf einen Zettel niederschreiben und sich bereits erste gedankliche Notizen machen.

2. **Zur richtigen Zeit am richtigen Ort:** Wählen Sie sich einen Zeitpunkt und einen Ort aus, die es Ihnen erlauben, nicht abgelenkt oder gestresst zu sein. Ein ruhiger Ort ist genau das Richtige, um für sich allein Übungen zur Selbstreflexion zu machen.

3. **15 Minuten sind ausreichend:** Zu Beginn ist eine Viertelstunde empfehlenswert, um in sich zu kehren und sich selbst die eine oder andere Frage zu beantworten. Später können Sie die Übung ganz nach Belieben durchführen.

4. **Schriftlich die Gedanken ordnen:** Wie bereits bei der Festlegung des Themas, sollten Sie Ihre eigenen Gedanken, Eindrücke und Antworten niederschreiben, um wiederkehrende Muster zu erkennen. Das

schriftliche Festhalten wird Ihnen dabei helfen, alles aus verschiedenen Blickwinkeln zu betrachten und Ihren Fokus auf das Wesentliche zu richten. Wichtig ist nur, dass Sie mit allem, was Sie aufschreiben und denken, ehrlich sind! Es nützt Ihnen nichts, wenn Sie sich selbst in die Tasche lügen.

5. **Reflexion und Aktion:** Selbstreflexion funktioniert nur, wenn Ihre Ergebnisse am Ende in resultierende Aktionen münden. Das bedeutet, dass Sie sich am Ende immer fragen sollten, was Sie aus den Erkenntnissen lernen konnten und wie Sie das Gelernte in Ihren Alltag übertragen können. Die Umsetzung gelingt meist dann, wenn die Maßnahmen in konkreten Schritten geplant werden. Nachfolgend finden Sie einige Beispielfragen zur Erforschung Ihres Selbst.

Fragen zur Ermittlung Ihrer Wünsche:

- Was sind meine tatsächlichen Wünsche?
- Habe ich meinen Leidenschaften genügend Aufmerksamkeit geschenkt?
- Was bedeutet Erfolg für mich persönlich?
- Wenn ich befördert werde, entspricht das meinen Wünschen?
- Warum ist mein Ziel so wichtig für mich?
- Worauf müsste ich verzichten, um mein Ziel zu erreichen?

Fragen zur Überwindung von Selbstzweifeln:

- Wenn ich von vorne anfangen könnte, was würde ich anders machen?
- Warum vertraue ich meinen Zweifeln mehr als meinem ersten Impuls?
- Was genau veranlasst mich zu diesem Denken und Fühlen?
- Welche Erfahrungen liegen meinen derzeitigen Einstellungen zugrunde?
- Wenn es nicht meine eigenen Erfahrungen sind, warum glaube ich ihnen?
- Was hindert mich daran, mein Vorhaben jetzt zu beginnen?

Fragen vor einem Jobwechsel:

- Was sind meine größten Talente und wie kann ich sie besser nutzen?
- In welche Richtung möchte ich mich beruflich entwickeln?
- Sind die aktuellen Arbeitsbedingungen der Hauptgrund für meinen Wechselwunsch?
- Gibt es alternative Möglichkeiten außer einem Jobwechsel?
- Passen meine Stärken auch zum potenziellen neuen Arbeitgeber?
- Möchte ich mein eigener Chef sein?

Fragen, wenn Sie unzufrieden sind:

- Wie viel Zeit investiere ich täglich in meine persönliche Entwicklung?
- Wie viel Erfolg benötige ich, um zufrieden zu sein?
- Kann mich meine derzeitige Tätigkeit auch in fünf Jahren noch begeistern?
- Worauf wäre ich bereit, zu verzichten, um mehr Zeit für mich selbst zu haben?
- Binde ich meinen Partner in meine Lebensplanung ein?
- Welche drei Dinge tue ich heute, die mich meinen Zielen näherbringen?

Übung: Veränderung ist Akzeptanz

Es ist richtig, dass wir Dinge zunächst einmal so akzeptieren müssen, wie sie sind. Allerdings kommt der Faktor der Veränderung dazu, über den wir bereits im Kapitel „Anicca – Die Unbeständigkeit bzw. Vergänglichkeit" berichtet haben. Wenn Sie Dinge als festgelegt und unerschütterlich betrachten, dann führt dies automatisch zu unermesslichem Leid. Denken Sie zum Beispiel an eine Familie, die einst voller Glück zu sein schien und dann auseinanderbricht, oder an das Eheversprechen „über den Tod hinaus" und nach wenigen Jahren wird bereits die Scheidung eingereicht. Alles ist vergänglich – auch das ist Akzeptanz. Das ist der Lauf des Lebens. Zwar mögen die zerrüttete Familie und die gescheiterte Ehe zunächst einmal wie Momente erscheinen, die uns förmlich den Boden unter den Füßen wegreißen, doch wir können mit solchen Momenten viel besser umgehen, wenn wir akzeptieren, dass Veränderung zum Leben dazugehört.

So sagte der buddhistische Lehrer Shunryū Suzuki:

„Wir werden niemals zur Gelassenheit finden, wenn wir die Tatsache nicht akzeptieren, dass alles sich verändert."

Um mit Veränderungen besser zurechtzukommen, können Übungen zur Resilienz (Anpassungsfähigkeit) behilflich sein. Aus diesem Grund möchten wir Ihnen an dieser Stelle eine effektive Resilienz-Übung vorstellen.

Schritt für Schritt zur Akzeptanz:

1. **Identifikation der Herausforderung:** Identifizieren Sie eine konkrete Herausforderung oder eine Situation, die Sie derzeit belastet oder in der Sie Schwierigkeiten haben, Akzeptanz zu finden. Es kann sich um eine aktuelle Situation handeln oder um eine vergangene Erfahrung, die immer noch negative Auswirkungen auf Sie hat.

2. **Erkennen Sie Ihre Gedanken sowie Emotionen:** Dieser Schritt wird Ihnen nicht schwerfallen, wenn Sie sich eingangs schon mit der ersten Übung „Selbstreflexion trainieren" auseinandergesetzt haben. Nehmen Sie sich einen Moment Zeit, um sowohl Ihre Emotionen als auch Ihre Gedanken mit der von Ihnen gewählten Situation zu verbinden. Erlauben Sie es sich, Ihre hochkommenden Gefühle anzuerkennen, ohne sie dabei zu bewerten oder zu verurteilen. Schreiben Sie Ihre Gedanken und Gefühle auf, um eine klare Sichtweise auf die Situation zu erhalten.

3. **Falsche Denkmuster identifizieren:** Fragen Sie sich selbst, welche Denkmuster Sie daran hindern, die entsprechende Situation zu akzeptieren. Worin liegt der Ursprung Ihrer Denkmuster? Beruhen Sie auf negativen Selbstgesprächen, Selbstzweifeln oder unrealistischen Erwartungen von Ihnen selbst oder von anderen? Wichtig ist, dass Sie diese Muster erkennen können und aufschreiben.

4. **Perspektive wechseln und neu bewerten:** Dies ist ein wichtiger Schritt, denn Sie beginnen nun damit, alles aus einem anderen Blickwinkel zu betrachten. Fragen Sie sich, ob es andere mögliche Interpretationen oder Wege gibt, die Situation zu betrachten. Lassen Sie ebenfalls einen größeren Kontext zu und setzen Sie alles mit Ihren Erfahrungen, Denkmustern, Gefühlen und Emotionen gleich. Erkennen Sie, ob Ihre bisherigen Überzeugungen Ihnen wirklich dienlich sind oder ob sie doch eher eine Anpassung benötigen.

5. **Anpassung der Denkmuster:** Basierend auf Ihrem Perspektivwechsel und Ihrer Neubewertung können Sie neue Denkmuster in Ihrem Gehirn installieren. Dadurch wird es Ihnen möglich sein, eine gleiche oder ähnliche Situation bei einem nächsten Mal besser zu akzeptieren. Suchen Sie nach konstruktiven und positiven Möglichkeiten, wie Sie künftig besser mit der bestimmten Situation umgehen können. Bedenken Sie, dass alles im Leben dazu dient, über sich hinauszuwachsen.

6. **Regelmäßige Wiederholung einplanen:** Die neu erworbenen Denkmuster sollten Sie auf ein Blatt Papier schreiben und täglich lesen. So verinnerlichen Sie Ihre neuen Denkmuster besser.

Sie können die Übung jederzeit machen, um Ihre Fähigkeit zur Akzeptanz durch Resilienz zu stärken. So gelingt es Ihnen für jede Situation im Leben, alte Denkmuster zu durchbrechen und neue Denkmuster zu entwickeln, die Sie unterstützen können, mit schwierigen Situationen zurechtzukommen bzw. sich weiterzuentwickeln.

ALLES IST EIN GESCHENK

Wie bereits im vorangegangenen Kapitel beschrieben, sind Herausforderungen im Leben dazu da, um uns eine Lektion zu erteilen oder daran zu wachsen. Deswegen sollten Sie immer dankbar für Herausforderungen sein. Das mag zwar in der jeweiligen Situation erst einmal schwierig sein, aber hinterher werden Sie feststellen, dass es sich gelohnt hat, die Herausforderung anzunehmen und diese zu meistern.

Dazu ein Zitat des Dalai Lama:

„Jede schwierige Situation, die du jetzt meisterst, bleibt dir in der Zukunft erspart."

Das klingt an und für sich recht gut, oder? Denn das würde ja bedeuten, dass, sobald Sie prinzipiell die Einstellung erlernen, für Herausforderungen dankbar zu sein, Sie nie wieder ins kalte Wasser springen müssen, vor allem, wenn es sich um eine ähnliche Situation handelt. Warum also noch vor Herausforderungen Angst haben? Sagen Sie sich einfach: „Jeder Herausforderung muss ich mich nur einmal stellen und danach überwinde ich jede folgende, ähnliche Herausforderung mit Leichtigkeit."

Und sollten Sie sich dennoch unwohl fühlen bei dem Gedanken, sich einer unbekannten Herausforderung zu stellen, dann fragen Sie sich, ob die entsprechende Situation in zehn Jahren überhaupt noch einen Effekt auf Sie hätte. Vermutlich nicht, denn alles geht einmal vorbei. Das wissen die Buddhisten am besten, denn ihnen ist bewusst, dass wir sterblich sind und wir sowie alles um uns herum der Vergänglichkeit unterliegt. Wenn Sie diese Perspektive einnehmen, dass Sie diese eine bestimmte Situation in zehn Jahren überhaupt nicht mehr emotional berühren wird, dann erkennen Sie, dass sich viele Dinge als unwichtig herausstellen.

Vergessen Sie niemals, das Positive zu sehen, das ist ein weiterer wichtiger Aspekt des Lebens, welcher uns die buddhistische Lehre nahebringen möchte. Wenn Sie zum Beispiel schlecht geschlafen oder

Kopfschmerzen haben oder Sie ganz genau wissen, dass Sie am heutigen Tag Ärger mit Ihrem Chef bekommen, dann sollten Sie sich nicht selbst bemitleiden. Versuchen Sie einfach, das Beste aus der jeweiligen Situation zu machen, das wird Sie zwangsläufig zur inneren Stärke führen.

Der Dalai Lama fasst es in diesen Worten zusammen:

„Nichts ist entspannender, als das anzunehmen, was kommt.“

Hilfreich ist es, herausfordernden Situationen stets mit einem Lächeln auf den Lippen zu begegnen. Wenn Sie Ihre eigene Einstellung zu solchen Dingen verändern, dann beeinflussen Sie automatisch, wie die Sache ausgehen wird. Begegnen Sie Herausforderungen aber mit Anspannung und erwarten Sie das Schlimmste, dann kann sich kein sichtbarer Erfolg am Ende einstellen. Der Buddhismus empfiehlt in solchen Momenten, tief einzuatmen und sich selbst zuzuflüstern: „Alles halb so schlimm, das wird schon ..." Starten Sie deswegen jeden Tag mit einem Lächeln, dann werden sich ganz von allein große Erfolge einstellen.

Übung: Das Dankbarkeitstagebuch

Mit einem Dankbarkeitstagebuch haben Sie ein effektives sowie einfaches Werkzeug an der Hand, das Ihnen dabei hilft, mehr Dankbarkeit im alltäglichen Leben zu erkennen und anzunehmen.

Es folgen ein paar Tipps, damit Sie Ihr Dankbarkeitstagebuch richtig einsetzen:

1. **Finden Sie den perfekten Zeitpunkt:** Wählen Sie einen festen Zeitpunkt am Tag aus, um drei Dinge aufzuschreiben, für die Sie am heutigen Tag dankbar waren. Dies kann morgens nach dem Aufwachen oder abends vor dem Schlafengehen sein. Der richtige Zeitpunkt ist der, den Sie gut in Ihren Tagesablauf integrieren können.

2. **Spezifikation der drei Dankbarkeiten:** Überlegen Sie sich, wofür Sie am heutigen Tag dankbar waren. Was hat Ihnen Freude bereitet? Was hat Ihnen Glück gebracht? Es können die großen, aber auch die kleinen Dinge sein, wie zum Beispiel ein nettes Gespräch mit der Kollegin oder das leckere Essen in der Mittagspause. Wichtig ist nur, dass Sie Ihre Tagebucheinträge so detailliert wie möglich beschreiben. Achten Sie dabei darauf, ebenfalls niederzuschreiben, welche positiven Nebeneffekte sich einstellten. Zum Beispiel könnten Sie beim Gespräch mit Ihrer Kollegin aufschreiben, dass Sie dankbar für das Gespräch waren, weil es Ihnen dabei half, die angespannte Stimmung im Büro besser zu ertragen, wodurch Sie das Gespräch durch den Tag trug.

3. **Bleiben Sie konsequent und diszipliniert:** Wenn Sie ein Dankbarkeitstagebuch führen, dann sollten Sie konsequenterweise jeden Tag Ihre drei Einträge notieren, selbst, wenn am Tag scheinbar gar keine Zeit dafür bleibt. Diese Disziplin ist wichtig, denn je öfter Sie Einträge niederschreiben, desto natürlicher wird es für Sie, die Dankbarkeit in Ihrem Leben wahrzunehmen, aufrechtzuerhalten und anzunehmen.

4. **Reflexion ist das Wichtigste:** Nehmen Sie sich regelmäßig Zeit, um die Einträge Ihres Dankbarkeitstagebuchs zu reflektieren. Einmal in der Woche ist ausreichend. Geeignet ist besonders der Sonntagnachmittag, da dieser das Ende der Woche einläutet. Lesen Sie Ihre Einträge entweder laut vor oder in Ihren Gedanken und schauen Sie auf eine Woche voller Dankbarkeit zurück. Das hilft Ihnen dabei, eine positivere Einstellung zum Leben zu erhalten und sich daran zu erinnern, wie schön das Leben eigentlich ist – selbst in schwierigen Zeiten.

Wenn Sie diese Tipps im Umgang mit Ihrem Dankbarkeitstagebuch befolgen, dann wird sich Ihre Einstellung zum Leben schnell zum Positiven verändern.

Übung: Dem Tag mit einem Lächeln begegnen

Ein Lächeln, das am Morgen beginnt, setzt die Stimmung für den ganzen Tag. Ein Lächeln bringt Ihnen nicht nur Freude und positive Energie, sondern es hat selbstverständlich ebenso gesundheitliche Vorteile. Wenn wir Lachen, dann reduziert sich unser Stress, unser Immunsystem wird gestärkt und verbessert sich nachhaltig. Zudem werden unzählige Muskeln beim Lächeln aktiviert, wodurch Endorphine und andere Glücksbotenstoffe an unser Gehirn übertragen werden. Außerdem zieht ein schönes Lächeln andere Menschen an und schafft eine herzliche Atmosphäre. Lernen Sie jetzt, wie Sie jeden Tag mit einem strahlenden Lächeln beginnen!

Erfüllen Sie dafür die nachfolgenden Schritte:

1. **Suchen Sie sich eine Inspiration:** Wenn Sie Schwierigkeiten mit dem Lächeln haben, können Sie sich von den besten Vorbildern inspirieren lassen. Beobachten Sie Menschen in Ihrem sozialen Umfeld, auf der Arbeit oder suchen Sie in Katalogen und Zeitschriften nach einem Lächeln, das Ihnen besonders gefällt. Wählen Sie das Lächeln, das Ihnen Freude bereitet und Ihnen als Inspiration dient.

2. **Am Morgen vor dem Spiegel üben:** Stellen Sie sich vor einen Spiegel. Stellen Sie sicher, dass Sie eine lockere sowie offene Körperhaltung einnehmen.

3. **Atmen Sie ruhig und entspannt:** Lassen Sie alle Anspannungen los. Bringen Sie Ihren Geist in den gegenwärtigen Moment.

4. **Schauen Sie sich in die Augen:** Im ersten Moment ist es oftmals ungewohnt, sich selbst lange in die Augen zu schauen. Doch der Blickkontakt zu sich selbst ist wichtig, um jede kleine Mimik beobachten zu können. Behalten Sie stets einen freundlichen Blick bei.

Blickkontakt: Schauen Sie sich selbst im Spiegel direkt in die Augen.

5. **Üben Sie Ihr Lächeln**: Beginnen Sie, langsam und sanft zu lächeln. Lassen Sie Ihr Lächeln von Ihren Augen bis zu Ihrem Mund strahlen.

Versuchen Sie, ein aufrichtiges Lächeln zu erzeugen, als ob Sie sich über etwas freuen oder jemandem gegenüber dankbar sind.

6. **Setzen Sie auf positive Affirmationen:** Noch während Sie in den Spiegel lächeln, können Sie sich selbst positive Affirmationen aufsagen. Sagen Sie sich beispielsweise, wie großartig Sie sind, wie dankbar Sie für Ihre Stärken sowie Erfolge sind. Verstärken Sie Ihre positiven Gefühle, Gedanken und Emotionen durch die Kraft der Worte.

Diese Übung sollten Sie ab heute regelmäßig, idealerweise zu Beginn jeden Morgen, wiederholen, um direkt Ihre positiven Gefühle und Ihr Selbstbewusstsein zu stärken. Wenn Sie feststellen, dass sich Ihre Stimmung mit jedem Mal verbessert hat, dann können Sie den Turnus reduzieren.

GEWALTLOSIGKEIT

Ärger sowie Gewalt gelten unter Buddhisten als die negativsten Kräfte, die es gibt – warum? Sobald wir uns über etwas oder jemanden ärgern oder ihm Gewalt antun möchten, können wir viele gute Dinge auf einmal zerstören. Wir fügen nicht nur den anderen Leid zu, sondern ebenso uns selbst, da wir das Wesentliche aus den Augen verlieren, nämlich eine positive Lebenseinstellung und Umgebung für alle Lebewesen zu schaffen. Im Buddhismus gilt die Devise „Wut bringt uns nicht voran". Wenn wir Gelassenheit üben und es schaffen, unsere negativen Gefühle zu kontrollieren, dann gelingt es uns, aus Fehlern zu lernen, und das ist viel wichtiger, als wütend über eine Person oder Sache zu sein oder uns rechtfertigen oder verteidigen zu müssen.

Die Meinung des Dalai Lama:

„Lasse das Verhalten anderer nicht deinen inneren Frieden stören."

Anders ausgedrückt: Feuer lässt sich unter gar keinen Umständen mit Feuer bekämpfen, sondern nur mit Wasser. Sobald Sie das Gefühl haben, dass Sie Ärger und Wut übermannen, sollten Sie versuchen, auf der Stelle ruhig sowie gelassen zu bleiben. Natürlich ist es gar nicht so einfach, wenn Sie zum Beispiel nach einem stressigen Tag nach Hause kommen und Ihre Kinder nicht die Aufgaben erledigt haben, um die Sie gebeten hatten. Doch anstatt sich zu ärgern, überlegen Sie sich, wie die Situation ausgehen würde, wenn Sie Ihrer Wut freien Lauf lassen. Am Ende werden alle Beteiligten frustriert sein und sich miserabel fühlen. Besser wäre, wenn Sie in sanften Worten wiedergeben, dass Ihnen das Verhalten zwar missfällt, aber dabei betonen, warum es Sie so sehr ärgert. Beispielsweise könnten Sie Folgendes ausdrücken: „Ich hatte einen sehr langen Arbeitstag und es hat meine Gefühle verletzt, da ich angenommen habe, ich kann mich darauf verlassen, dass die Sachen erledigt werden, um die ich euch gebeten hatte. Mein Vorschlag: Wir machen eure Aufgaben morgen gemeinsam, aber beim nächsten Mal möchte ich, dass die Aufgaben auf der Liste erledigt werden. Im Gegenzug streiche ich zwei Aufgaben von der Liste, damit ihr nicht so viel auf einmal nach der Schule zu erledigen habt. Einverstanden?“

Beiden Seiten ist mit diesem Kompromiss geholfen. Sie haben ruhig und gelassen auf eine chaotische Situation reagiert. Niemand muss sich schuldig oder mies fühlen. Es wurden sogar Lösungsansätze vorgeschlagen. Wenn Sie bemerken, dass Sie zu wütend sind, dann verlassen Sie kurz den Raum und atmen Sie mehrere Sekunden tief durch. Versuchen Sie, erst auf die stressige Situation zu reagieren, wenn Sie das Gefühl haben, Sie können gelassener reagieren.

Wut und Zorn sind nie gute Ratgeber. Deshalb ist es umso wichtiger, sich darüber im Klaren zu sein und sich nicht von diesen negativen Gefühlen leiten zu lassen. Schon gar nicht sollten Sie Ihren „Feinden“ etwas Schlimmes wünschen, vielmehr sollten Sie dazu übergehen, einer in Ihren Augen negativen Person in ihrem Leben etwas Gutes zu wünschen. Sie können ja auch gar nicht wissen, warum eine Person so geworden ist. Ein Beispiel: Wir alle kennen (ältere) Herrschaften und Damen, die sich über die Lautstärke von Kindern aufregen, besonders, wenn Kinder eigentlich nur eines tun: Spielen. Diese Menschen wirken oftmals frustriert und unzufrieden in ihrem Leben. Aber anstatt diesen Personen etwas Negatives zu wünschen, wünschen Sie Ihnen „Glück und Zufriedenheit". Vielleicht ist in dem Leben dieser Menschen einiges schiefgegangen, vielleicht haben sie sich eigentlich sogar selbst einmal Kinder in ihrem Leben gewünscht, aber der Kinderwunsch konnte nie erfüllt werden. Das Ganze hat diese Personen dann so frustriert, dass sich ihre positiven Gefühle gegenüber Kindern ins Negative umgekehrt haben.

Übung: Wutmanagement

Wutbewältigung ist ein wesentlicher Aspekt der eigenen emotionalen Gesundheit. Umso wichtiger ist es, Werkzeuge zu kennen, negative Gefühle, wie Ärger, Frust und Wut, zu überwinden. In fünf einfachen Schritten können Sie Ihre Wut „managen":

1. **Erkennen sowie akzeptieren:** Zuerst einmal müssen Sie es schaffen, zu erkennen, dass Sie wütend sind. Darüber hinaus ist es von Bedeutung, diesen Umstand zu akzeptieren. Wut ist ein Gefühl wie jedes andere Gefühl auch und hat seine Daseinsberechtigung. Achten Sie auf Anzeichen von körperlicher Spannung, erhöhtem Herzschlag oder gereiztem Verhalten. Akzeptieren Sie, dass Sie wütend sind, ohne sich dafür zu verurteilen.

2. **Tief ein- und ausatmen:** Ideal wäre es, wenn Sie an dieser Stelle die Atemtechniken anwenden würden, die wir Ihnen im Kapitel „Der Atem als Meditationsobjekt" dargelegt haben. In stressigen oder ärgerlichen Situationen ist dies natürlich nicht immer möglich, da dafür ein ruhiger Rückzugsort vonnöten ist, aus diesem Grund sollten Sie aktiv versuchen, mindestens zehnmal tief durchzuatmen. Beobachten Sie dabei Ihre körperliche sowie emotionale Reaktion. Merken Sie, wie Sie sich langsam beruhigen? Blenden Sie aktiv die Situation um Sie herum aus und fokussieren Sie sich nur darauf, bewusst zu atmen.

3. **Reflektieren Sie:** Nachdem Sie sich etwas beruhigt haben, können Sie darüber nachdenken, was eigentlich die Ursache Ihrer Wut ist. Fragen Sie sich, warum Sie wütend sind und welche spezifischen Auslöser dazu geführt haben. Versuchen Sie, Ihre Gedanken, Emotionen sowie Gefühle zu analysieren, um ein besseres Verständnis dafür zu bekommen, was Sie gerade durchmachen.

4. **Konstruktiv handeln:** Suchen Sie nach einer konstruktiven Möglichkeit, mit Ihrer Wut umzugehen. Das kann beispielsweise bedeuten, sich aus der Situation zurückzuziehen sowie sich einen Moment für sich selbst zu nehmen, bevor Sie reagieren.

5. **Anwendung von Entspannungstechniken:** Verwenden Sie Entspannungstechniken, um Ihre Wut weiter zu bewältigen. Das kann Meditation, progressive Muskelentspannung, Yoga oder andere Aktivitäten umfassen, die Ihnen helfen, Ihren Geist zu beruhigen und sich zu entspannen. Ausführliche Meditationen haben wir im Kapitel „Meditation – Einkehr zum Selbst" für Sie beschrieben.

Selbstverständlich ist uns klar, dass Sie während der stressigen Situation nicht einfach eine Yoga-Übung oder Meditationseinheit machen können. Deswegen ist unsere Empfehlung, den fünften Schritt fest in Ihren Alltag zu verankern, um konsequent in einem entspannten Zustand zu bleiben. Sie werden bemerken, dass Sie auf stressige bzw. ärgerliche Situationen von vornherein viel gelassener reagieren werden.

Übung: Empathie leben

Von Zeit zu Zeit ist es wichtig, sich in die Lage von anderen Personen hineinversetzen zu können. Mit Empathie verbessern Sie Ihren persönlichen Umgang mit anderen Menschen, aber auch mit anderen Lebewesen. Wiederholen Sie die folgende Übung regelmäßig, um Ihre empathischen Fähigkeiten weiterzuentwickeln und zu verbessern. Mit der Zeit werden Sie in der Lage sein, eine unterstützende und verständnisvolle Haltung anderen gegenüber einzunehmen.

1. **Achtsamkeit und Selbstreflexion:** Angenommen, Sie haben eine Meinungsverschiedenheit mit einem Kollegen über eine bestimmte Arbeitsaufgabe. Anhand von Achtsamkeitsübungen, wie die in diesem Buch beschriebene „Geführte Meditation", lernen Sie, Ihre eigenen Gedanken, Emotionen und Reaktionen bewusst wahrzunehmen, ohne sie sofort zu beurteilen oder zu handeln. Durch Selbstreflexion können Sie tiefer in Ihre eigenen Denkmuster sowie Verhaltensweisen eintauchen und besser verstehen, warum Sie auf bestimmte Weise handeln.

2. **Perspektivwechsel zulassen:** Denken Sie einmal an eine Situation zurück, in der Sie sich als Teenager mit Ihren Eltern gestritten haben. Jetzt, wo Sie selbst erwachsen sind und vielleicht eigene Kinder haben, können Sie vermutlich die Argumente Ihrer Eltern besser nachvollziehen. Wenn Sie als Teenager bereits in der Lage gewesen wären, sich in die Haut Ihrer Eltern hineinfühlen zu können, dann wäre Ihnen das bereits viel früher bewusst gewesen. Versuchen Sie deshalb, sich stets in Ihr Gegenüber hineinzuversetzen, ganz besonders dann, wenn Sie wütend sind. Was denkt und fühlt diese Person? Irgendwann kommt der Punkt, an dem Sie Mitgefühl mit demjenigen empfinden werden, weil Sie nachvollziehen können, warum dieser Mensch so oder so reagiert.

3. **Aktives Zuhören:** Um die notwendige Empathie zu entwickeln und zu erreichen, müssen Sie Ihrem Gegenüber aktiv zuhören. Jede noch so kleine Schwingung kann bedeutsam sein, um einschätzen zu können, was der Mensch bisher erlebt hat und warum er so reagiert.

UMGANG MIT MIR SELBST

Wer den Umgang mit sich selbst lernen bzw. verbessern möchte, der sollte erst einmal damit beginnen, das eigene Leben aufzuräumen. Dabei spielt es eine wesentliche Rolle, wenn wir unser Hab und Gut, unsere Gedanken und somit unsere Lebenssituation entrümpeln. Aber auch das innere Entrümpeln ist wichtig.

Zitat zum inneren Entrümpeln des Dalai Lama:

„Durch Meditation über die wahre Natur des Geistes reinigen wir störende Gedanken und Gefühle."

Überlegen Sie, wie erleichternd es für Sie sein kann, sich auf das wirklich Wichtige im Leben zu konzentrieren – und alles andere einfach loszulassen. Endlich einmal den Kleiderschrank ausmisten und sich von all den Wäschestücken befreien, die Sie eh nicht tragen (dazu haben wir in einem späteren Kapitel eine großartige Übung namens „Capsule Wardrobe" beschrieben). Die Verabredung mit der Kollegin absagen, die viel zu viel redet und Sie nur ausnutzt. Den nervigen Job kündigen, weil Sie eine bessere Position angeboten bekommen haben. Wenn Sie bereit sind, regelmäßig Ihr Leben auszumisten, werden Sie sich befreiter, leichter und mehr bei sich selbst fühlen.

Dazu findet der Dalai Lama diese Worte:

„Die Ironie will es so, dass wir dann, wenn wir das Objekt unserer Wünsche erlangt haben, immer noch nicht zufrieden sind. Auf diese Weise nimmt die Begierde nie ein Ende und ist eine ständige Quelle der Schwierigkeiten. Das einzige Gegenmittel ist die Genügsamkeit."

Vergessen Sie niemals, dass nur Sie selbst Ihre eigenen Probleme lösen können. Nur selten wird jemand für Sie Partei ergreifen. Nur Sie können für sich selbst einstehen und Ihre Probleme angehen und eine Lösung finden. Wichtig ist ebenso im Umgang mit sich selbst, dass Sie versuchen sollten, sich weniger Sorgen zu machen. Wir alle kennen Situationen im Leben, in denen uns der Boden unter den Füßen weggezogen wird und scheinbar mehrere Krisen gleichzeitig auf einen niederprasseln.

Ein inspirierender Satz des Dalai Lama:

„Wenn ein Problem gelöst werden kann, braucht man sich keine Sorgen zu machen. Wenn nicht, sind Sorgen sinnlos."

Übung: Buddhistische Spiegel-Übung

Die buddhistische Spiegel-Übung hilft Ihnen dabei, den Umgang mit sich selbst zu optimieren. Sie kann in fünf Schritten durchgeführt werden:

1. **Bequeme Position finden:** Setzen Sie sich in eine bequeme Position. Schließen Sie Ihre Augen und nehmen Sie einige tiefe Atemzüge, um sich zu zentrieren und im gegenwärtigen Moment anzukommen.
2. **Aufmerksamkeit nach innen richten:** Richten Sie Ihre Aufmerksamkeit nach innen und beobachten Sie Ihre Gedanken, Emotionen sowie körperlichen Empfindungen, ohne sie zu bewerten oder zu verändern. Seien Sie einfach achtsam und nehmen Sie alles wahr, was in Ihrem inneren Erleben auftaucht.
3. **Vorstellung eines Spiegels:** Stellen Sie sich nun vor, dass Sie vor einem großen Spiegel stehen. Betrachten Sie Ihr inneres Selbstbild, Ihre Überzeugungen, Stärken sowie Schwächen. Beobachten Sie, wie Sie sich selbst wahrnehmen und welche Gedanken und Gefühle dies in Ihnen auslöst.
4. **Ihr Instrument der Wahrheit:** Betrachten Sie den Spiegel als ein Instrument der Wahrheit. Fragen Sie sich: „Was spiegelt dieser Spiegel über mein Wesen, meine Handlungen und mein Verhalten wider?" Seien Sie offen für die Einsichten sowie Erkenntnisse, die in diesem Moment auftauchen.

5. **Erkenntnisse sinnvoll nutzen:** Nutzen Sie diese Erkenntnisse, um sich selbst besser kennenzulernen und zu wachsen. Identifizieren Sie Bereiche, in denen Sie Veränderungen vornehmen möchten, um mehr Harmonie, Mitgefühl sowie Weisheit in Ihr Leben zu bringen.

Verpflichten Sie sich, bewusst an Ihrer persönlichen Entwicklung zu arbeiten und die Spiegel-Übung regelmäßig zu praktizieren, um ein tieferes Verständnis von sich selbst zu erlangen.

Übung: Klarträumen erlernen

Klarträumen ermöglicht uns, uns selbst besser kennenzulernen. Wir können unsere Ängste, Wünsche und unbewussten Gedanken im Traum erforschen und dadurch persönliches Wachstum sowie Selbsterkenntnis fördern. Ein luzider Traum, auch bekannt als Klartraum, ist ein Traumzustand, in dem man sich trotz des Schlafens bewusst ist, dass man träumt. In einem Klartraum können Sie dann bewusst Ihre Träume lenken, kontrollieren und vor allem besser verstehen.

Diese Fähigkeiten können mit einfachen Übungen erworben werden:

1. **Traumtagebuch führen:** Notieren Sie Ihre Träume sofort nach dem Aufwachen.
2. **Die Wirklichkeit erkennen**: Überprüfen Sie regelmäßig, ob Sie sich in einem Traum oder der Realität befinden.
3. **Klartraum-Affirmationen:** Wiederholen Sie positive Sätze wie „Ich werde klarträumen", um Ihr Unterbewusstsein auf Klarträume zu programmieren.
4. **WBTB-Technik:** „Wake-Back-to-Bed-Technik" lässt sich im Deutschen ungefähr mit „Aufwachen-und-zurück-ins-Bett-gehen-Technik" übersetzen. Stehen Sie nach vier bis sechs Stunden Schlaf auf und bleiben Sie wach. Beschäftigen Sie sich mit Klartraum-Techniken. Gehen Sie dann wieder zurück ins Bett und konzentrieren Sie sich auf das Klarträumen.

ZWISCHENMENSCHLICHES

Damit das Miteinander gut funktioniert, müssen wir mehr auf die Zwischennuancen schauen. Zwischenmenschliches ist für ein gutes, gemeinschaftliches Zusammenleben notwendig – nicht nur in Beziehungen, sondern ebenso am Arbeitsplatz und in einer Gemeinde. Es gibt ein paar Möglichkeiten, die Zwischennuancen und damit das Miteinander besser werden zu lassen.

Buddhisten nehmen wir als freundliche Menschen wahr und das, obwohl ihnen etwas gelungen ist, das nur die wenigsten hinbekommen: Nein zu sagen. Ein Buddhist ist jemand, der seine eigenen Schwächen sowie Stärken genau kennt, deswegen ist es einem Buddhisten absolut bewusst, ob er eine Aufgabe meistern kann oder nicht. Also sagt er eher „Nein", weil er genau weiß, dass er die Bitte nicht erfüllen kann. Nur weil Sie freundlich „Nein" zu einer Person sagen, die Sie um Hilfe oder einen Gefallen bittet, bedeutet es noch lange nicht, dass Sie unhöflich oder ein schlechter Mensch sind.

Wir haben Ihnen bereits die Übung „Jedem Tag mit einem Lächeln begegnen" vorgestellt. Diese Übung bezog sich darauf, sich selbst jeden Tag ein Lächeln zu schenken, um besser in den Tag zu starten. Eine weitere Empfehlung ist, dass Sie jeden Tag versuchen sollten, einem Menschen in Ihrem Umfeld ein Lächeln zu schenken. Das kann der freundliche Nachbar sein, der immer für Sie die Post nach oben trägt, oder die Kollegin am Arbeitsplatz – es kann aber auch eine fremde Person sein, die Sie an der Kasse vorlässt. Das ist vollkommen gleichgültig, denn Sie geben Anerkennung und Mitgefühl weiter. Positives kann sich genauso wie Negatives multiplizieren, aber jemand muss den Anfang machen.

So äußert sich der Dalai Lama zu dem Thema:

„Mitgefühl und Liebe sind keine bloßen Luxusgüter. Als die Quelle von innerem und äußerem Frieden sind sie grundlegend für das Überleben unserer Spezies."

Übung: Lernen Sie, Nein zu sagen

Für ein gutes Miteinander ist es wichtig, dass Sie Ihre eigenen Grenzen kennen und lieber öfter „Nein" als immer nur „Ja" sagen, obwohl Sie genau wissen, dass Sie einer Aufgabe nicht gewachsen sind.

Der Ablauf der Übung:

1. **Reflexion und Zielsetzung:** Überlegen Sie, warum es Ihnen manchmal schwerfällt, „Nein" zu sagen, und welche Auswirkungen dies auf Ihr Leben haben kann. Setzen Sie sich ein konkretes Ziel, das Sie mit dieser Übung erreichen möchten, beispielsweise, selbstbewusster „Nein" sagen zu können oder Ihre eigenen Bedürfnisse besser zu vertreten.

2. **Identifizieren Sie Ihre Grenzen:** Machen Sie eine Liste von Situationen oder Anfragen, bei denen Sie Schwierigkeiten haben, „Nein" zu sagen. Es können berufliche, persönliche oder soziale Situationen sein. Notieren Sie ebenso, warum es Ihnen schwerfällt, „Nein" zu sagen, zum Beispiel aus Angst vor Ablehnung oder Konflikten.

3. **Schaffen Sie Übungssituationen:** Erstellen Sie einige Übungssituationen, in denen Sie sich mit dem Nein-Sagen auseinandersetzen können. Sie können diese Situationen entweder alleine durchspielen oder einen vertrauten Freund oder ein Familienmitglied um Unterstützung bitten. Stellen Sie sicher, dass die Situationen sowohl realistisch als auch relevant für Ihr eigenes Leben sind.

4. **Üben Sie aktiv das Nein-Sagen:** Begeben Sie sich in die ausgewählte Übungssituation und üben Sie aktiv das Nein-Sagen. Konzentrieren Sie sich auf Ihre Körpersprache, Ihre Stimme sowie Ihre Wortwahl. Versuchen Sie, klar und selbstbewusst zu kommunizieren, ohne unnötige Rechtfertigungen oder Entschuldigungen.

Wiederholen Sie die Übung mehrmals, um sich mit dem Gefühl des Nein-Sagens vertraut zu machen und Ihre Fähigkeiten zu stärken.

Übung: Aktiv Zuhören

Wie bereits bei der Übung „Empathie leben" thematisiert, ist es wichtig, dass wir unserem Gegenüber richtig zuhören. Nur so können wir dessen Wünsche, Sorgen und Bedürfnisse richtig ableiten. Darüber hinaus kommt es seltener zu Missverständnissen und Konflikten. Und selbstverständlich wirkt sich aktives Zuhören auf unsere Fähigkeit zur Empathie aus.

Lassen Sie uns beginnen:

1. **Ruhigen Ort suchen:** Wie bei den meisten Übungen ist es von großer Bedeutung, wenn Sie sich einen stillen Rückzugsort suchen, um sich komplett der Übung hingeben zu können.

2. **Konzentration auf den anderen:** Denken Sie an eine Person in Ihrem Leben, mit der Sie gerne die Kunst des aktiven Zuhörens üben möchten. Visualisieren Sie diese Person vor Ihrem inneren Auge und stellen Sie sich vor, wie Sie ihr aufmerksam zuhören.

3. **Aufmerksame Körperhaltung:** Nehmen Sie eine aufrechte Körperhaltung ein und zeigen Sie durch Ihre Körpersprache, dass Sie bereit sind, zuzuhören. Verschränken Sie nicht die Arme und halten Sie Blickkontakt, so, als würde die Person tatsächlich vor Ihnen sitzen.

4. **Aktives Zuhören:** Stellen Sie der imaginären Person offene Fragen und lassen Sie sie ausführlich antworten. Während sie spricht, konzentrieren Sie sich darauf, wirklich zuzuhören. Unterbrechen Sie nicht und versuchen Sie, ihre Worte zu verstehen sowie nachzuvollziehen.

Nach Abschluss der Übung nehmen Sie sich einen Moment Zeit, um zu reflektieren, wie es Ihnen gelungen ist, aktiv zuzuhören. Beachten Sie Ihre Erfahrungen, Emotionen sowie Erkenntnisse, um Ihr Verständnis des aktiven Zuhörens weiter zu vertiefen.

MACHEN SIE MEHR AUS IHREM TAG

Der Buddhismus unterstreicht drei wichtige Tugenden: Konzentration, Disziplin sowie Zufriedenheit. Wenn Sie diese drei Tugenden leben, dann können Sie alles im Leben erreichen, was Sie sich vorgenommen haben, und jede Hürde mit Leichtigkeit nehmen. Beginnen Sie jedoch in kleinen Schritten. Wenn es Ihnen schwerfällt, sich gut auf Ihre Tätigkeiten zu fokussieren, dann ist es empfehlenswert, alle Störfaktoren kurzzeitig zu entfernen. Damit sind vor allem elektrische Geräte wie Tablet oder Smartphone gemeint, aber auch Geräuschkulissen sollten vermieden werden. Sind alle störenden Einflüsse entfernt, dann gelingt es Ihnen leichter, den Fokus zu finden, ohne sich ablenken zu lassen.

Des Weiteren rät der Dalai Lama:

„Verbringe jeden Tag einige Zeit mit dir selbst."

Um besser im Alltag zurechtzukommen, ist es unabdingbar, ebenso Zeit mit sich selbst zu verbringen. Nur wenn wir Zeit mit uns selbst verbringen und uns mit unseren Sehnsüchten, Ängsten, Stärken sowie Schwächen auseinandersetzen, können wir Großes leisten und anderen eine echte Hilfe sein. Aber in einem stressigen Umfeld oder mit einer Familie ist es gar nicht so einfach, jeden Tag Zeit für sich selbst zu finden. Deswegen müssen Sie hier aktiv werden. Sie könnten zum Beispiel jeden Tag eine halbe Stunde früher aufstehen und diese Zeit ist ausschließlich für Sie reserviert. Das kann der Morgenkaffee sein, eine Yoga-Einheit oder einfach die Ruhe im Haus, weil noch niemand anders aus der Familie aufgestanden ist. Aber auch die Mittagspause auf der Arbeit kann Ihre persönliche Zeit am Tag werden. Sie müssen ja nicht jeden Tag mit den Kollegen zu Mittag essen. Vielleicht können Sie Ihre Mittagspause auch im nächstgelegenen Park verbringen. Es gibt ein paar Möglichkeiten, einfach nur für sich selbst zu sein. Suchen und nutzen Sie aktiv diese Möglichkeiten.

Ein weiterer wichtiger Punkt, um mehr aus einem Tag zu machen, ist es, einen strukturierten Tagesablauf zu etablieren. Dieser kann Ihnen dabei helfen, die notwendige Disziplin und Konzentration aufrechtzuerhalten, auch in stressigen Situationen. Weiterhin sollten Sie immer bedenken, dass Sie sich Ziele im Leben setzen sollten. Das beginnt schon mit kleinen Tages- oder Wochenzielen. Die Hauptsache ist, Ihnen ist klar, dass Sie Ihr Leben so führen, dass Sie nicht das Gefühl haben, Ihr Leben zu verschwenden.

Dazu sagt der Dalai Lama konkret:

„Denkt an jedem Morgen, an dem ihr aufwacht: Ich bin glücklich und dankbar, dass ich heute aufgewacht bin. Ich lebe, ich führe ein kostbares Leben, ich möchte es nicht verschwenden."

Übung: Die SMART-Methode

Mit der SMART-Methode können Sie sich leicht und präzise realistische Ziele setzen.

Befolgen Sie dafür diese Schritte:

1. **Seien Sie spezifisch (Specific):** Definieren Sie ein klar formuliertes Ziel für Ihre Übung, das genau beschreibt, was Sie erreichen möchten. Formulieren Sie es genau und vermeiden Sie vage Aussagen. Ein spezifisches Ziel hilft Ihnen, sich besser zu fokussieren sowie gezielte Maßnahmen zu ergreifen.
2. **Messen Sie Ihren Fortschritt (Measurable):** Legen Sie ein Kriterium fest, anhand dessen Sie den Fortschritt und das Erreichen Ihres Ziels messen können. Definieren Sie eine konkrete Metrik oder einen Indikator, um den Erfolg zu überprüfen. Das ermöglicht es Ihnen, Ihren Fortschritt zu verfolgen sowie motiviert zu bleiben.
3. **Sicherstellung der Zielerreichbarkeit (Attainable):** Überprüfen Sie, ob Ihr Ziel erreichbar ist. Berücksichtigen Sie Ihre Ressourcen, Fähigkeiten sowie Umstände, um sicherzustellen, dass Sie in der Lage sind, das Ziel zu erreichen. Setzen Sie sich herausfordernde, aber machbare Ziele, um sich zu motivieren und ein Gefühl der Erfüllung zu erleben.
4. **Achten Sie auf Realisierbarkeit (Realistic):** Achten Sie darauf, dass Ihr Vorhaben und Ihre Ziele realistisch sind. Prüfen Sie gegebenenfalls Ihre Zielvorstellungen mit vorhandenen Parametern, wie zum Beispiel mit Erfahrungswerten von anderen Personen oder Ihnen selbst.
5. **Setzen Sie eine Deadline (time-bound):** Legen Sie einen klaren Zeitrahmen für die Erreichung Ihres Ziels fest. Definieren Sie einen Starttermin und ein Enddatum, um sich selbst eine Deadline zu setzen. Dies hilft Ihnen, fokussiert zu bleiben sowie Ihre Anstrengungen zu strukturieren.

Übung: Schaffen Sie sich Zeitinseln

Zeitinseln zu schaffen, ist eine effektive Methode, um produktiver und fokussierter zu arbeiten.

Los geht's:

1. **Planen Sie Ihre Zeitinseln:** Identifizieren Sie die Aufgaben, die Ihre volle Aufmerksamkeit erfordern, und planen Sie dafür Zeitinseln in Ihren Tagesablauf ein. Blockieren Sie bewusst Zeitfenster, in denen Sie ungestört arbeiten können. Achten Sie darauf, dass Sie ausreichend Zeit einplanen, um die Aufgabe effektiv zu erledigen.

2. **Schaffen Sie eine optimale Arbeitsumgebung:** Finden Sie einen ruhigen Ort, an dem Sie sich konzentrieren können. Sorgen Sie dafür, dass Sie alle benötigten Materialien griffbereit haben, um Unterbrechungen zu vermeiden. Bereiten Sie Ihre Arbeitsumgebung vor, um Ablenkungen zu minimieren. Schalten Sie Benachrichtigungen am Smartphone aus. Am besten legen Sie Ihr Telefon in einen anderen Raum.

3. **Fokussieren Sie sich auf eine Aufgabe:** Während Ihrer Zeitinsel konzentrieren Sie sich ausschließlich auf die ausgewählte Aufgabe. Vermeiden Sie Multitasking und geben Sie dieser einen Aufgabe Ihre volle Aufmerksamkeit. Bemühen Sie sich, in den „Flow" zu kommen, und arbeiten Sie kontinuierlich daran, ohne Unterbrechungen oder Ablenkungen.

4. **Belohnen Sie sich und reflektieren Sie:** Nach Abschluss Ihrer Zeitinsel belohnen Sie sich für Ihre konzentrierte Arbeit. Machen Sie eine kurze Pause, um aufzutanken sowie zu entspannen. Nutzen Sie diese Zeit auch, um Ihre Produktivität zu reflektieren und zu überprüfen, ob Ihre Zeitinseln effektiv waren.

Diese Übung hilft Ihnen, Ablenkungen zu minimieren und Ihre Konzentration zu verbessern, um Ihre Arbeit in kürzerer Zeit und mit besseren Ergebnissen zu erledigen.

LEBEN & ARBEITEN

Die Historie zeigt, dass Buddha in seinem ganzen Leben nie arbeiten musste und vor allem nie wollte. Das ist nachvollziehbar, denn Siddhartha Gautama wurde in ein reiches Elternhaus hineingeboren. Er hatte eben kein Interesse daran, beispielsweise Häuser zu bauen, da er sich ganz der menschlichen Vollkommenheit bzw. der Erleuchtung und dem Ausweg aus allen Leiden widmen wollte.

Im buddhistischen Sinne ist der Wunsch, weltlichen Reichtum besitzen zu wollen, ohnehin ein grundlegendes Zeichen für Faulheit sowie Bequemlichkeit, denn ansonsten würde man seine Zeit nicht in die Ergründung der wichtigen Fragen im Leben und schon gar nicht in die spirituelle Weiterentwicklung von sich selbst investieren.

Das Wort „Arbeit"

Das Wort „Arbeit" hat eine lange Geschichte und geht auf verschiedene Sprachen sowie Kulturen zurück. Die Ursprünge des Wortes „Arbeit" lassen sich bis ins Altgermanische zurückverfolgen. Es stammt vom altgermanischen Wort „arbaidō" oder „arbaitiz" ab und lässt sich mit „Mühsal" oder „Not" gleichsetzen.

Zwar mag im Buddhismus die Arbeit als solche keinen Stellenwert finden, aber Fakt ist, die meisten Menschen befinden sich nun einmal in einer beruflichen Tätigkeit. Wir verbringen etwa 70 bis 80 Prozent des Tages auf der Arbeit. Wir sehen unsere Kollegen sogar öfter als unsere eigene Familie oder unseren Partner oder unsere Partnerin. Natürlich haben dann unsere Arbeit, unser Arbeitsumfeld und unsere persönliche Einstellung zur Arbeit eine tiefe Wirkung auf unser Bewusstsein. Wenn Sie nach buddhistischen Prinzipien leben möchten, dann bedeutet es nicht, dass Sie von heute auf morgen Ihren Job kündigen sollten. Es bedeutet vielmehr, dass Sie über die Sinnhaftigkeit Ihrer Arbeit nachdenken müssen. Folgt die Arbeit den Lehren Buddhas? Stichwörter: „Die fünf Silas", „Die vier edlen Wahrheiten", „Die drei Daseinsmerkmale" sowie

„Der achtfache Pfad". Ist das Arbeitsklima so gestaltet, dass Sie sich selbst entfalten können? Und zum anderen – warum nicht das Arbeitsumfeld in die buddhistischen bzw. in diesem Buch vorgestellten Übungen einbeziehen?

Übung: Erfüllt mich meine Arbeit?

Nehmen Sie sich einen Moment Zeit, um über Ihre aktuelle Arbeit nachzudenken und eine erfüllende Tätigkeit zu erkennen.

1. **Reflexion:** Schließen Sie Ihre Augen und denken Sie über Ihre gegenwärtige Arbeit nach. Stellen Sie sich vor, dass Sie alle finanziellen Aspekte beiseitelegen – konzentrieren Sie sich nur auf die Tätigkeit selbst.

2. **Gefühle erkunden:** Achten Sie auf Ihre Gefühle sowie Emotionen, wenn Sie an Ihre Arbeit denken. Spüren Sie nach, ob Sie Freude, Begeisterung und Erfüllung empfinden oder ob eher Unzufriedenheit oder Langeweile aufkommen.

3. **Kerninteressen identifizieren:** Fragen Sie sich, welche Aspekte Ihrer Arbeit Sie wirklich ansprechen. Identifizieren Sie die Aufgaben, bei denen Sie sich besonders engagiert, inspiriert oder lebendig fühlen.

4. **Ziele festlegen:** Überlegen Sie, wie Sie mehr erfüllende Tätigkeiten in Ihre Arbeit integrieren können. Setzen Sie sich konkrete Ziele, um diese Aspekte zu betonen und nach Möglichkeiten zu suchen, Ihre Arbeit in eine erfüllende Richtung zu lenken.

Übung: Anwendung des Ikigai-Prinzips

Bisher stand nur Arbeit als Erwerbstätigkeit im Mittelpunkt dieses Kapitels. Aber zum Leben gehört selbstverständlich noch so viel mehr. Die eigene Berufung im Leben muss beispielsweise überhaupt keine Erwerbstätigkeit sein. Es kann genauso gut die Mutterschaft sein oder eine ehrenamtliche Tätigkeit ohne Bezahlung oder die Pflege von Angehörigen. Um selbst erkennen zu können, was die eigene Berufung eigentlich ist, können Sie sich an der japanischen Lebensphilosophie Ikigai orientieren, die frei übersetzt wird mit: „Wofür es sich zu leben lohnt." Diese gibt Ihnen genau darüber einen exzellenten Eindruck.

Die vier Wirkweisen des Ikigai:

- **Leidenschaft (Passion):** Finden Sie etwas, das Ihnen Freude bereitet und Sie begeistert. Es geht darum, was Sie antreibt und Ihnen Energie gibt.
- **Berufung (Vokation):** Entdecken Sie Ihre Fähigkeiten sowie Talente, in denen Sie sich kompetent und wohlfühlen. Identifizieren Sie Ihre einzigartigen Stärken.
- **Beruf (Profession):** Welche Arbeit üben Sie aus, um sich finanziell zu unterstützen? Es ist die Tätigkeit, mit der Sie Ihren Lebensunterhalt verdienen.
- **Nützlichkeit (Mission):** Überlegen Sie, wie Sie einen positiven Einfluss auf die Welt oder andere Menschen haben können. Es geht darum, einen Zweck zu erfüllen und nützlich zu sein.

Die Erforschung Ihres Ikigai gelingt so:

1. **Zeit für Reflexion:** Nehmen Sie sich Zeit, um über Ihre Leidenschaften, Interessen sowie Talente nachzudenken. Machen Sie eine Liste von Aktivitäten, die Ihnen Freude bereiten und Sie wirklich erfüllen.
2. **Stärken erkennen:** Überlegen Sie, in welchen Bereichen Sie besonders kompetent sind und sich sicher sowie selbstbewusst fühlen.

3. **(Quer-) Verbindungen herstellen:** Betrachten Sie die Schnittmenge zwischen Ihren Leidenschaften und Stärken. Suchen Sie nach Möglichkeiten, wie Sie diese in Ihrem beruflichen Leben einsetzen können, um einen positiven Beitrag zur Welt zu leisten.

4. **In die Umsetzung kommen:** Setzen Sie Ihre Erkenntnisse in die Tat um, indem Sie konkrete Schritte unternehmen, um Ihre Leidenschaften, Talente sowie Fähigkeiten in Ihrem Beruf oder in Ihrem persönlichen Leben einzubringen. Experimentieren Sie, probieren Sie neue Dinge aus und finden Sie heraus, was Sie erfüllt und Ihren selbstgesteckten Zielen entspricht.

Durch diese Übung können Sie tiefer in die Suche nach Ihrem Ikigai eintauchen und (neue) Wege entdecken, wie Sie sowohl ein erfülltes als auch ein sinnerfülltes Leben führen können.

ERNÄHRUNG

Es existieren weltweit verschiedene Formen und Ausprägungen des Buddhismus. Die Lehre Buddhas wird deswegen je nach buddhistischer Form anders interpretiert, wie bereits in einem vorangegangenen Kapitel erwähnt. Das gilt ebenfalls für die Ernährungsgewohnheiten von Buddhisten. Im Theravada-Buddhismus wird oft Wert auf Mäßigung und bewusstes Essen gelegt. Es wird empfohlen, dass Mönche nur in einer begrenzten Zeitspanne am Morgen essen und dann bis zum nächsten Tag fasten. Fleischkonsum ist erlaubt, solange das Fleisch nicht speziell für den Mönch geschlachtet wurde. Viele Laien praktizieren auch den Verzicht auf Fleisch, während andere dies nicht tun. Im Mahayana-Buddhismus sind die Ernährungspraktiken vielfältig. Einige Praktizierende bevorzugen eine vegetarische oder vegane Ernährung, um Mitgefühl für alle Lebewesen auszudrücken. In einigen ostasiatischen Ländern wie China, Japan und Korea gibt es eine reiche Tradition des veganen Buddhismus, bei dem komplett auf tierische Produkte verzichtet wird.

Im tibetischen Buddhismus gibt es bestimmte Einschränkungen beim Fleischkonsum. Manche Praktizierende essen kein Rind- oder Schaffleisch, während der Konsum von Geflügel sowie Fisch erlaubt ist. Wichtig ist jedoch, dass die Lebensmittel nicht ausdrücklich für den Praktizierenden getötet wurden.

In allen buddhistischen Ausprägungen wird allerdings der Konsum von Alkohol und Drogen vermieden, da diese die Klarheit des Geistes beeinträchtigen. Das Prinzip der Achtsamkeit sowie des bewussten Essens wird überall betont, um eine gesunde Beziehung zum Essen zu entwickeln und Verschwendung zu vermeiden.

Es ist auch wichtig, zu beachten, dass die individuellen Praktiken von Buddhisten variieren können. Manche halten sich streng an die vorgeschriebenen Ernährungsregeln, während andere eine weniger strenge Auslegung praktizieren. Letztendlich geht es bei den buddhistischen Ernährungspraktiken darum, ein Bewusstsein für Mitgefühl, Mäßigung sowie Achtsamkeit zu entwickeln, um ein ethisches Leben zu führen.

Übung: Speiseplan vegetarisch anpassen

Ob Sie fortan vegetarisch oder sogar vegan leben möchten, können und wollen wir Ihnen nicht vorschreiben. Das entscheiden Sie selbst für sich. Buddhisten sind nicht zwangsweise Vegetarier oder Veganer. Es geht vielmehr darum, weniger Fleisch sowie tierische Produkte zu konsumieren und darauf zu achten, wie die Tiere gehalten werden. Dennoch möchten wir Ihnen eine Anregung mit auf den Weg geben, wie Sie Ihre Ernährung auf vegetarische Weise verändern können, ohne Mangelerscheinungen davonzutragen. Wir empfehlen Ihnen, mit Ihrem Hausarzt zu sprechen, bevor Sie eine Ernährungsumstellung versuchen möchten.

Um den eigenen Speiseplan auf vegetarische Ernährung umzustellen, befolgen Sie bitte jene Schritte:

1. **Informieren Sie sich:** Erforschen Sie die Grundlagen der vegetarischen Ernährung und lernen Sie, welche Nährstoffe Sie aus pflanzlichen Quellen beziehen können, um eine ausgewogene Ernährung sicherzustellen.

Informieren Sie sich über verschiedene vegetarische Proteinquellen wie Hülsenfrüchte, Tofu, Tempeh, Nüsse sowie Samen.

2. **Gehen Sie schrittweise vor:** Es kann hilfreich sein, nicht sofort alle tierischen Produkte aus Ihrem Speiseplan zu streichen. Beginnen Sie damit, eine oder zwei Mahlzeiten pro Woche vegetarisch zuzubereiten, und erhöhen Sie allmählich die Anzahl der fleischlosen Mahlzeiten, bis Sie sich ganz auf eine vegetarische Ernährung umgestellt haben.

3. **Suchen Sie nach Ersatzmöglichkeiten:** Suchen Sie nach vegetarischen Alternativen für Ihre Lieblingsgerichte, indem Sie tierische Produkte durch pflanzliche ersetzen. Zum Beispiel können Sie Fleisch durch Tofu oder Gemüse ersetzen, Milchprodukte durch pflanzliche Milchalternativen und Eier durch Ei-Ersatzprodukte oder andere pflanzliche Bindemittel. Die Auswahl ist vielfältig.

4. **Experimentieren Sie mit neuen Rezepten:** Erweitern Sie Ihren kulinarischen Horizont, indem Sie neue vegetarische Rezepte ausprobieren. Es gibt unzählige vegetarische Kochbücher, Blogs und Websites mit kreativen sowie ausgewogenen Gerichten. Suchen Sie nach verschiedenen Gewürzen, Gemüsesorten sowie Zubereitungsmethoden, um Abwechslung in Ihre Mahlzeiten zu bringen.

5. **Achten Sie auf Ihre Nährstoffversorgung:** Stellen Sie sicher, dass Sie alle notwendigen Nährstoffe erhalten, indem Sie eine abwechslungsreiche Auswahl an Obst, Gemüse, Vollkornprodukten, Hülsenfrüchten, Nüssen und Samen in Ihre Mahlzeiten einbeziehen. Es kann ratsam sein, einen Ernährungsberater oder Arzt zu konsultieren, um sicherzustellen, dass Ihre Ernährung alle erforderlichen Nährstoffe enthält.

Indem Sie diese Schritte befolgen, können Sie Ihren Speiseplan schrittweise auf eine vegetarische Ernährung umstellen und gleichzeitig sicherstellen, dass Sie alle notwendigen Nährstoffe erhalten. Es kann auch hilfreich sein, sich mit anderen Vegetariern auszutauschen oder sich einer vegetarischen Community anzuschließen, um Erfahrungen zu teilen.

Übung: Ernährungstagebuch führen

Ihre vegetarische Ernährungsumstellung wird leichter werden, wenn Sie Ihre Mahlzeiten planen und dokumentieren. Zudem können Sie Ihr Ernährungstagebuch mit Ihrem behandelnden Arzt teilen und dieser kann gegebenenfalls Anpassungen vornehmen.
Gehen Sie dabei schrittweise vor:

1. **Starten Sie Ihr Tagebuch:** Besorgen Sie sich ein Notizbuch oder nutzen Sie eine Ernährungs-App, um Ihre Mahlzeiten zu dokumentieren.
2. **Erfassen Sie Ihre Mahlzeiten:** Schreiben Sie jeden Tag auf, welche Lebensmittel Sie zu sich genommen haben, einschließlich Snacks sowie Getränke. Notieren Sie auch die Uhrzeiten der Mahlzeiten.
3. **Beachten Sie Ihre Gefühle:** Halten Sie fest, wie Sie sich nach dem Essen fühlen. Achten Sie auf Veränderungen in Ihrem Energieniveau, Ihrer Verdauung oder Ihrem Wohlbefinden.
4. **Reflektieren Sie Ihre Motivation:** Schreiben Sie regelmäßig Ihre Gründe für die vegetarische Ernährung auf. Erinnern Sie sich an Ihre Ziele und Ihre Absicht, Mitgefühl für Tiere, Umwelt oder Gesundheit auszudrücken.
5. **Analysieren Sie Ihre Einträge:** Überprüfen Sie regelmäßig Ihre Einträge, um Muster oder Trends zu erkennen. Identifizieren Sie Bereiche, in denen Sie noch Verbesserungen vornehmen können, wie zum Beispiel den Konsum von pflanzlichen Proteinen oder die Auswahl von Vollwertkost.

Indem Sie diese Schritte befolgen und konsequent Ihr Ernährungstagebuch führen, können Sie nicht nur Ihre vegetarische Ernährungsumstellung erfolgreich gestalten, sondern ebenso Ihre gesunden Essgewohnheiten langfristig beibehalten.

NACHHALTIGKEIT & VERZICHT

In vielen buddhistisch geprägten Ländern existieren große Umweltprobleme. Seit den 80er Jahren prangern einige Buddhisten diese Umstände an. Sie waren beispielsweise an der Seite von Umweltaktivisten, die damals gegen die sorglose Lagerung von Atommüll protestierten. Etwa zur selben Zeit forderten buddhistische Mönche in Thailand auf, die Abholzung des tropischen Regenwaldes zu stoppen. Im Buddhismus sind Bäume besonders schützenswert und haben aufgrund dessen, dass Buddha unter einem Baum Erleuchtung fand, einen hohen Stellenwert in den buddhistischen Lehren.

Auch der amtierende Dalai Lama warnte bereits 1992 auf der UN-Umweltkonferenz vor der Zerstörung der Umwelt durch die Industrie und forderte einen nachhaltigen Ansatz.

Wie Sie sehen, setzen sich Buddhisten für den Umweltschutz ein, und jeder, der diesen Lehren folgen möchte, sollte dem nachkommen. Ein guter Weg, unsere Umwelt zu schützen, ist mithilfe von Nachhaltigkeit. Nur wenn wir nachhaltig leben, benötigen wir weniger Ressourcen und beuten weniger Menschen, Tiere und auch die Umwelt auf diesem schönen Planeten aus. Sich von allen weltlichen Dingen loszusagen und die Vollkommenheit des Verzichts zu üben, nennen Buddhisten im Übrigen „Nekkhamma Parami".

Nekkhamma Parami ist eine buddhistische Tugend, die Verzicht und Loslassen bedeutet. Es bezieht sich auf die Fähigkeit, sich von weltlichem Verlangen und Anhaftungen zu befreien, um inneren Frieden zu erreichen.

Übung: Die 7-Tage-Nachhaltigkeits-Challenge

Wenn Sie bewusster und nachhaltiger leben möchten, dann haben wir hierfür eine Nachhaltigkeits-Challenge zusammengestellt, die es Ihnen vereinfachen wird, mehr Nachhaltigkeit in Ihren Alltag zu integrieren:

1. Tag: Reduzieren Sie Ihren Plastikkonsum, indem Sie Einwegplastikartikel wie Trinkhalme, Plastiktüten sowie Einwegflaschen durch nachhaltigere Alternativen ersetzen.

2. Tag: Verzichten Sie einen Tag lang auf tierische Produkte und entdecken Sie neue pflanzliche Lebensmittel sowie Rezepte.

3. Tag: Widmen Sie sich dem Energiesparen, indem Sie bewusster mit Strom umgehen, unnötige Geräte ausschalten und die alternative Energienutzung erkunden.

4. Tag: Konzentrieren Sie sich auf nachhaltige Mobilität, indem Sie an diesem Tag öffentliche Verkehrsmittel oder das Fahrrad nutzen oder zu Fuß gehen, anstatt Auto zu fahren.

5. Tag: Entdecken Sie lokale sowie saisonale Lebensmittel und unterstützen Sie regionale Bauernmärkte.

6. Tag: Räumen Sie Ihren Lebensraum auf und sortieren Sie Ihren Müll richtig, um Abfall zu reduzieren und das Recycling zu fördern.

7. Tag: Praktizieren Sie Achtsamkeit sowie Selbstfürsorge, indem Sie bewusst Zeit in der Natur verbringen, meditieren oder sich anderen entspannenden Aktivitäten widmen, um Ihr Wohlbefinden zu steigern. Inspirationen für verschiedene Meditationsübungen finden Sie im Kapitel „Meditation – Einkehr zum Selbst".

Diese siebentägige Übung basiert auf den Nachhaltigkeitsprinzipien des Artikels „7 Tage bewusster leben: Die Nachhaltigkeit-Challenge" und ermöglicht es Ihnen, bewusster zu leben sowie nachhaltigere Gewohnheiten in verschiedenen Aspekten Ihres Lebens zu entwickeln.

Übung: Capsule Wardrobe

Unter „Capsule Wardrobe“ wird eine minimalistische Garderobe mit wenigen, vielseitigen Kleidungsstücken verstanden, die gut kombinierbar und für verschiedene Anlässe geeignet sind. Dieses Prinzip ist absolut nachhaltig und schont jeden Geldbeutel.

Übungsanleitung in 5 Schritten:

1. **Ausmisten:** Räumen Sie Ihren Kleiderschrank auf und trennen Sie sich von ungetragenen oder ungeliebten Kleidungsstücken.
2. **Definieren Sie Ihren Stil:** Überlegen Sie, welche Art von Kleidung sowie Farben zu Ihnen passen, und erstellen Sie eine Liste mit Ihren Basic-Kleidungsstücken.
3. **Wählen Sie Ihre Stücke aus:** Entscheiden Sie sich für eine begrenzte Anzahl an Kleidungsstücken, die vielseitig kombinierbar sind und exakt Ihren Stil repräsentieren.
4. **Accessoires hinzufügen:** Ergänzen Sie Ihre Capsule Wardrobe mit wenigen, gut gewählten Accessoires wie Schuhe, Schmuck sowie Taschen.
5. **Monatliche Rotation:** Überprüfen Sie regelmäßig Ihre Capsule Wardrobe, passen Sie sie an die Jahreszeiten an und ersetzen Sie bei Bedarf alte Stücke.

Mit diesem einfachen 5-Schritte-Plan können Sie Ihre eigene Capsule Wardrobe erstellen und eine minimalistische, stilvolle und nachhaltige Garderobe entwickeln.

SINN VON MATERIALISMUS

Jeder von uns besitzt mehr, als er eigentlich benötigt, das ist in einer konsumorientierten Überflussgesellschaft nicht ungewöhnlich. Aber Konsum stellt auch immer eine Belastung dar. In geringen Maßen ist Konsum vollkommen in Ordnung, nur wenn es zu einer Shoppingsucht kommt oder Sie sich hohe Schulden aufbürden, weil Sie beispielsweise der Meinung sind, ein Smartphone für 1000 Euro zu benötigen, dann wird das Verlangen nach Konsumgütern wahrlich schädlich. Sich selbst Grenzen zu setzen und eine Spur von Minimalismus im eigenen Alltag fest zu verankern, kann Sie davor bewahren, in Konsumfallen zu geraten. Und nur weil Sie sich einschränken möchten, bedeutet das noch lange nicht, auf alles verzichten zu müssen. Es geht eben um das gesunde Maß aller Dinge. Darüber hinaus erhalten Sie mit mehr Minimalismus einige Vorteile gratis dazu:

- Sie sparen Geld, da Sie weniger ausgeben
- Sie sparen Zeit, da Sie weniger Zeit mit Suchen und Einkaufen verbringen
- Sie können sich besser konzentrieren, da Sie weniger abgelenkt werden
- Sie haben mehr Platz in Ihrem Zuhause, da Sie einfacher Ordnung halten können
- Sie fokussieren sich mehr auf die wichtigen Dinge im Leben, wie Beziehungen, Freunde, Arbeit und/oder auf die eigene Person

Übung: 8-Punkte-Minimalismus-Plan

Wir möchten Ihnen dabei helfen, Ihr Leben minimalistischer zu gestalten. Mit dem hier vorgestellten 8-Punkte-Minimalismus-Plan wird es Ihnen garantiert gelingen:

1. **Zielsetzung:** Definieren Sie Ihr Ziel bzw. den Grund, warum Sie minimalistischer leben möchten.
2. **Ausmisten:** Räumen Sie Ihren Besitz auf. Trennen Sie sich von unnötigen Gegenständen.
3. **Weniger Konsum:** Überdenken Sie Ihre Kaufgewohnheiten. Kaufen Sie ab jetzt bewusster ein und achten Sie auf Ihre wahren Bedürfnisse.
4. **Prioritäten setzen:** Identifizieren Sie, was Ihnen wirklich wichtig ist, und fokussieren Sie sich darauf.
5. **Vereinfachen:** Reduzieren Sie Ihre Verpflichtungen sowie Aufgaben, um mehr Raum für das Wesentliche zu schaffen.
6. **Qualität vor Quantität:** Investieren Sie in hochwertige Produkte, die langlebig sind und tatsächlich Ihren Bedürfnissen entsprechen.
7. **Digitales Detox:** Reduzieren Sie Ihren digitalen Konsum. Schaffen Sie bewusste Offline-Zeiten unter der Woche. Lesen Sie dazu gerne noch einmal das Kapitel „Achtsamkeit durch Meditation“.
8. **Achtsamkeit:** Praktizieren Sie Achtsamkeit im Alltag, um bewusster zu leben und den gegenwärtigen Moment zu schätzen.

Mit diesem 8-Punkte-Plan können Sie Ihren Weg zu einem minimalistischeren Lebensstil beginnen, indem Sie anfangen, sich auf das Wesentliche zu konzentrieren, und bewusster mit Ihren und den Ressourcen der Erde umgehen.

Übung: 100 Dinge

Vielleicht kennen Sie den deutschen Film mit Matthias Schweighöfer „100 Dinge“? Darin versuchen zwei Freunde, mit nur 100 Dingen im Alltag auszukommen. Dieses Experiment bringt am Ende jedoch fast die Freundschaft auseinander und war für die Charaktere des Films eine große Herausforderung. Wir möchten, dass Sie sich ebenfalls dieser Herausforderung stellen, aber nicht so extrem, wie in dem Film dargestellt, denn dort wird das Experiment auf 100 Tage angesetzt. Wir empfehlen Ihnen, mit einer Woche zu starten, und diese Zeit dann ein anderes Mal zu verdoppeln und beim übernächsten Mal zu verdreifachen. So haben Sie es irgendwann einmal geschafft, einen kompletten Monat mit 100 Dingen auszukommen. Die Übung „100 Dinge“ kann Ihnen helfen, Ihren Besitz zu reduzieren und bewusster mit Ihren materiellen Gütern umzugehen. Befolgen Sie diese Schritte:

1. **Kategorisieren Sie:** Teilen Sie Ihren Besitz in Kategorien wie Kleidung, Bücher, Küchenutensilien und so weiter auf.
2. **Ausmisten:** Gehen Sie durch jede Kategorie. Wählen Sie nur die Dinge aus, die Ihnen wirklich wichtig sind und Ihnen Freude bereiten.
3. **Entscheiden Sie sich für Qualität:** Priorisieren Sie Qualität vor Quantität.
4. **Reflektieren Sie:** Überprüfen Sie regelmäßig Ihre Besitztümer und stellen Sie sicher, dass sie Ihrem Lebensstil sowie Ihren Bedürfnissen entsprechen.
5. **Vermeiden Sie unnötige Käufe:** Denken Sie zweimal darüber nach, ob Sie etwas wirklich benötigen, bevor Sie es kaufen.
6. **Genießen Sie die Freiheit:** Erleben Sie die Freiheit sowie Klarheit, die mit weniger Besitz einhergeht, und konzentrieren Sie sich auf die Dinge, die wirklich wichtig sind.

Mit dieser Übung können Sie einen minimalistischen Ansatz in Ihrem Alltag entwickeln und so bewusster mit Ihren Besitztümern sowie vorhandenen Ressourcen umgehen.

FREIHEIT DURCH (ZEITLICH BEGRENZTES) FASTEN

Das Gefühl von Zufriedenheit ist selten geworden. In einer schnelllebigen Zeit – mit immer mehr digitalen Angeboten und einem Überfluss an Informationen, die ständig auf uns einwirken –, in der wir das Gefühl haben, wir besitzen noch nicht genug, weil uns Stars, Medien, Werbung und Industrie suggerieren, dass genug nicht genug ist, befinden wir uns in einer Welt voller unzufriedener Menschen. Dabei ist es so wichtig, darauf zu schauen, was wir bereits besitzen, anstatt darauf, was wir für ein zufriedenes Leben unserer Ansicht nach zusätzlich benötigen. Im Übrigen können wir mithilfe von Fasten lernen, uns von dem ständigen Verlangen nach immer mehr Besitz und Konsum zu lösen.

Im Buddhismus ist Fasten eine wichtige Praxis. Diese Praxis lässt sich nicht nur auf Nahrung übertragen, vielmehr kann sie auch auf Konsumgüter, Alkohol, Medien etc. angewendet werden. Das befreit und reinigt unseren Geist. Wie wäre es zum Beispiel, wenn Sie einfach einmal absolut nichts tun würden? Weder ein Fernsehgerät noch ein Tablet oder ein Smartphone nebenbei laufen zulassen, sondern einfach einmal zu sein und die Stille sowie Ruhe zu genießen.

Verzicht zu üben bedeutet auch, Leid vorzubeugen. Es gibt viele Beispiele, in denen sich ein Mensch Luxus angehäuft hat und er dennoch unglücklich ist oder nach einem Verlust dieses Reichtums in ein tiefes Loch fällt. Warum? Wir denken, wir benötigen den Luxus, dabei erfordert ein zufriedenes Leben keine Reichtümer. Wenn wir uns nicht an Dinge anhaften, dann wird das Loslassen dieser Dinge einfacher. Deshalb ist es ratsam, ab und zu auf bestimmte Dinge zu verzichten. Um es Ihnen einfacher zu machen, Fasten und Verzicht in Ihren Alltag zu integrieren, haben wir zwei Übungen für Sie zusammengestellt. Einmal geht es um das digitale Detox, das schon in einem Kapitel zuvor Teil einer Übung war, und die zweite Übung, die wir vorstellen möchten, ist vielmehr ein einfach umzusetzender Fastenplan, um Ihren Körper zu entgiften.

Übung: Der 4-Schritte-Digital-Detox-Plan

Wenn Sie Ihren digitalen Konsum einschränken, dann tun Sie einiges für Ihre Gesundheit sowie Ihr Wohlbefinden. Hilfreich ist es, wenn Sie sich die Vorteile einer Entgiftung vor Augen führen und unseren 4-Schritte-Plan befolgen.

Positive Affekte des digitalen Detox:

- Erhöhung der Produktivität
- Erhöhung der Selbstreflexion
- Erhöhung der körperlichen Aktivität
- Steigerung der Konzentration
- Steigerung der Schlafqualität
- Stärkung des sozialen Engagements
- Stärkung zwischenmenschlicher Beziehungen
- Verbesserung der geistigen Gesundheit
- Verbesserung des Zeitmanagements
- Verbesserung der Lebensqualität
- Förderung der persönlichen Entwicklung
- Förderung von Achtsamkeit
- Reduzierung von Stress
- Wiederherstellung der Balance zwischen dem Online- und Offline-Leben

So gelingt der digitale Detox-Plan in vier Schritten:

1. **Erstellen Sie eine Liste Ihrer digitalen Gewohnheiten:** Identifizieren Sie die Apps, Websites oder Geräte, die Sie reduzieren oder künftig vermeiden möchten. Notieren Sie auch die spezifischen Zeiträume, in denen Sie sich von digitalen Medien fernhalten möchten.

2. **Schaffen Sie Alternativen:** Finden Sie alternative Aktivitäten, die Sie von Ihren digitalen Gewohnheiten ablenken können. Dies können Hobbys, Sport, Lesen oder soziale Aktivitäten sein. Erstellen Sie eine Liste, um sich daran zu erinnern, was Sie tun können, wenn Sie versucht sind, in die digitale Welt zurückzukehren.

3. **Schaffen Sie eine digitale Detox-Umgebung:** Richten Sie eine „digitalfreie“ Zone in Ihrem Zuhause ein, in der Sie sich von elektronischen Geräten fernhalten. Vermeiden Sie es auch, digitale Geräte vor dem Schlafengehen oder direkt nach dem Aufwachen zu nutzen.

4. **Setzen Sie klare Grenzen und halten Sie sich daran:** Definieren Sie klare Regeln für Ihre digitale Nutzung und halten Sie sich konsequent daran. Verwenden Sie beispielsweise keine digitalen Geräte während der Mahlzeiten oder planen Sie regelmäßige „digitale Pausen“ in Ihrem Tagesablauf ein, in denen Sie bewusst offline sind.

Übung: Fastenplan erstellen

Ihren Geist haben Sie mithilfe des digitalen Detox bereits gereinigt. Jetzt geht es darum, den Körper zu entgiften, damit dieser wieder seine vollen Kapazitäten ausschöpfen kann.

So gelingt das Fasten:

1. **Vorbereitung ist alles:** Wählen Sie einen geeigneten Zeitraum für das Detox-Fasten aus, beispielsweise ein Wochenende oder eine Woche, in der Sie Urlaub haben. Informieren Sie sich über verschiedene Fastenmethoden und wählen Sie eine, die zu Ihnen passt.
2. **Planung ist das A und O:** Erstellen Sie einen detaillierten Plan für Ihre Fastenperiode. Legen Sie fest, welche Art von Nahrungsmitteln Sie während des Fastens konsumieren möchten (zum Beispiel Säfte, klare Brühe, ungesüßte Tees etc.) und welche Sie vermeiden sollten (zum Beispiel Zucker, verarbeitete Lebensmittel, Alkohol, Fleisch, Wurst, weitere tierische Produkte). Kaufen Sie die benötigten Zutaten im Voraus ein.
3. **Entgiftung starten:** Beginnen Sie Ihren Fastenzeitraum. Konzentrieren Sie sich darauf, Ihren Körper zu entgiften. Trinken Sie viel Wasser, um Giftstoffe auszuspülen. Nehmen Sie nur Entgiftungsgetränke oder Kräutertees zu sich, um den Reinigungsprozess zu unterstützen.
4. **Ruhe- sowie Regenerationsphase:** Nutzen Sie die Fastenzeit, um sich ausreichend auszuruhen und zu regenerieren. Vermeiden Sie übermäßige körperliche Anstrengung und nehmen Sie sich Zeit für Entspannungsübungen wie Meditation oder sanftes Yoga.
5. **Langsame Wiedereinführung von Nahrungsmitteln:** Beenden Sie das Fasten behutsam, indem Sie nur nach und nach leichte Mahlzeiten einführen. Beginnen Sie mit Lebensmitteln wie gedünstetem Gemüse. Danach fügen Sie Schritt für Schritt andere Nahrungsmittel hinzu.

Denken Sie daran, vor Beginn eines Detox-Fastens Ihren Arzt oder einen Ernährungsberater zu konsultieren, um sicherzustellen, dass es für Ihre individuelle Situation geeignet ist!

Weiterführende Begriffe im Buddhismus

Es gibt eine Vielzahl an Themen, die wir in diesem Buch (leider) nur anschneiden können, die aber dennoch einen großen Raum in den buddhistischen Lehren einnehmen. Einige dieser Themen kamen bereits in dem einen oder anderen Kapitel teilweise vor. Wir möchten Ihnen die wichtigsten weiterführenden Begriffe gerne kurz an dieser Stelle vorstellen – beginnend mit „Pratityasamutpada – die zwölfgliedrige Kette des bedingten Entstehens".

PRATITYASAMUTPADA – DIE ZWÖLFGLIEDRIGE KETTE DES BEDINGTEN ENTSTEHENS

Übersetzen lässt sich das Wort „Pratityasamutpada“ mit „Entstehen in wechselseitiger Abhängigkeit“. Die Bedeutung dahinter ist, dass jede Wirkung, die wir erfahren, das Resultat von verschiedenen Ursachen ist. Der Buddhismus lehrt, dass das Leiden über den gegenwärtigen Lebenszyklus hinausgeht und dass es ein kontinuierlicher Prozess der „Samsara“, also Wiedergeburt, ist. Der Mechanismus, der zu Wiedergeburt führt, wird als „Karma“ bezeichnet. Karma ist, wie bereits in diesem Buch erwähnt, das Gesetz von Ursache und Wirkung, das besagt, dass unsere Handlungen in Gedanken, Worten und Taten Konsequenzen haben. Positive Handlungen führen zu positiven Auswirkungen, während negative Handlungen zu negativen Auswirkungen führen. Die zwölfgliedrige Kette ist im Grunde nichts anderes als eine Vertiefung „Der vier edlen Wahrheiten“ und „Der drei Daseinsmerkmale“. Samsara und Karma werden im Anschluss dieses Kapitels näher beleuchtet.

Betrachten wir noch einmal den Begriff „Pratityasamutpada“, der für das bedingte Entstehen steht, und ziehen wir als Beispiel einen Baum heran, um die Bedeutung dahinter besser zu verstehen. Bedenken Sie einmal, wie viel notwendig ist, damit ein Baum wachsen und gedeihen kann. Zum einen muss ein Samen da sein, der in einer Erde aufkeimt, die bestimmte Mineralien besitzt, nicht zu vergessen sind auch genügend Platz, Wasser sowie Sonnenlicht und das Wichtigste überhaupt: Zeit, um wachsen zu können! Gleichzeitig mit seinem Wachstum sorgt der Baum dafür, dass Lebewesen Sauerstoff erhalten. Warum? Für die Fotosynthese ist Kohlenstoffdioxid, kurz CO_2, unabdingbar. Kohlenstoffdioxid erhalten Bäume und andere Pflanzen durch das Ausatmen von Sauerstoff von Lebewesen.

Thich Nhat Hanh (Buddhistischer Meister aus Vietnam, * 11. Oktober 1926 als Nguyễn Xuân Bảo in Thừa Thiên, † 22. Januar 2022) schreibt dazu in seinem Buch „Das Herz von Buddhas Lehre“:

„Ein Baum lässt Blätter entstehen und versieht sie mit Nährstoffen; aber die Blätter nähren auch den Baum. Blätter sind nicht einfach nur die Kinder des Baumes. Sie sind auch seine Mutter. Wegen seiner Blätter ist der Baum imstande, zu wachsen. Jedes Blatt ist eine Fabrik, die Sonnenschein verarbeitet, damit der Baum Nahrung bekommt.“

Thich Nhat Hanh geht davon aus, dass Buddha seine Lehre nicht als eine willkürliche Aneinanderreihung von zwölf Gliedern betrachtet hat, sondern dass alle zwölf Glieder sich gegenseitig beeinflussen, und das auf eine komplexe Art und Weise. Eine Reihe von Ursachen führt zu bestimmten Auswirkungen, die wiederum Ursachen für weitere Auswirkungen sind.

Die zwölf Glieder des „Bedingten Entstehens“:

1. **Avidya (Ignoranz):** Der Kreislauf beginnt mit Unwissenheit bzw. Ignoranz über die wahre Natur der Realität.
2. **Samskara (Karmische Formationen):** Ignoranz führt letztlich zur Entstehung von karmischen Formationen, also mentalen sowie emotionalen Tendenzen, die durch unsere Handlungen entstehen.
3. **Vijnana (Bewusstsein):** Die karmischen Formationen beeinflussen unser Bewusstsein und prägen unsere Wahrnehmung der Welt.
4. **Nama-rupa (Geist und Materie):** Das Bewusstsein manifestiert sich in einer dualistischen Wahrnehmung von Geist sowie Materie, die unsere Erfahrungen formt.
5. **Sad-ayatana (Sechs Sinnesorgane):** Der Geist und die Materie führen zur Entwicklung der sechs Sinnesorgane (Cakshus für Auge, Srota für Ohr, Ghrana für Nase, Jihva für Zunge, Kaya für Körper, Manas für Geist), über die wir die Welt wahrnehmen.

6. **Sparsa (Kontakt):** Durch die Sinnesorgane kommt es zum Kontakt mit den Objekten der Sinneswahrnehmung, was zu Empfindungen führt.

7. **Vedana (Gefühle):** Der Kontakt mit den Sinnesobjekten erzeugt angenehme (Sukha), unangenehme (Dukkha [Anm. Autorin: Siehe Kapitel „Dukkha – Das Leiden und die Unzufriedenheit"]) oder neutrale (Adukkhamasukha) Gefühle.

8. **Trishna (Verlangen):** Die Gefühle wecken unser Verlangen bzw. unsere Anhaftung an das Angenehme, während wir das Unangenehme vermeiden wollen.

9. **Upadana (Anhaftung):** Das Verlangen führt zu Anhaftung, zur Festlegung auf Objekte oder Vorstellungen, um Befriedigung zu erlangen.

10. **Bhava (Werden):** Durch Anhaftung entsteht ein Prozess des Werdens, der die Bedingungen für die Wiedergeburt schafft.

11. **Jati (Geburt):** Das Werden führt schließlich zur physischen sowie mentalen Geburt in einem neuen Lebenszyklus.

12. **Jara-marana (Altern und Tod):** Die Geburt führt unweigerlich zum Altern und schließlich zum Tod, was den Kreislauf des Leidens und der Wiedergeburt aufrechterhält.

Diese zwölf Glieder veranschaulichen die Kette von Ursache sowie Wirkung, die den Kreislauf des Leidens und der Wiedergeburt im Buddhismus erklärt. Das Verständnis bzw. die Erkenntnis dieser Glieder spielen eine wichtige Rolle auf dem Weg zur Befreiung und zum Erreichen des Nirvana. Im Übrigen kann Karma als eine Art Gesetz von Ursache und Wirkung verstanden werden.

KARMA – DAS „GESETZ" VON URSACHE & WIRKUNG

Karma ist ein zentraler Bestandteil des buddhistischen Glaubens und bietet eine Erklärung des Lebens, für das Leiden und die Wiedergeburt. Der Begriff „Karma" beschreibt die Auswirkungen unserer Handlungen, Gedanken und Worte in der Vergangenheit, Gegenwart sowie Zukunft. Wörtlich lässt sich der Begriff mit „Handlung" oder „Tat" übersetzen. Karma betrachtet zudem die inneren Einstellungen und die mentalen Zustände, die zu bestimmten Handlungen führen. Die buddhistische Lehre besagt, dass jede Handlung eine Konsequenz hat, die entweder in diesem Leben oder in zukünftigen Leben erfahrbar ist. Karma wird nicht als eine Form von Strafe oder Belohnung betrachtet, sondern als ein Prozess, der die Bedingungen sowie Umstände unseres gegenwärtigen und zukünftigen Lebens beeinflusst.

Der Buddhismus unterscheidet zwischen folgenden Kategorien:

- **Karmische Tendenzen:** Diese beziehen sich auf die latenten Neigungen oder Gewohnheiten, die aus vergangenen Handlungen resultieren und unser gegenwärtiges Verhalten beeinflussen. Positive karmische Tendenzen führen zu tugendhaftem Verhalten, während negative karmische Tendenzen zu unheilsamen Handlungen führen können.
- **Aktuelles Karma:** Dies bezieht sich auf die Handlungen, die wir in der Gegenwart ausführen. Die Intention sowie die Motivation hinter unseren Handlungen sind entscheidend für die Wirkung des Karmas.
- **Zukünftiges Karma:** Dies bezieht sich auf die Auswirkungen unserer gegenwärtigen Handlungen in zukünftigen Leben. Das Karma, das wir in diesem Leben ansammeln, kann die Bedingungen und Umstände unseres nächsten Lebens bestimmen.

Der Buddhismus lehrt den Menschen, dass das Ziel im Leben darin besteht, positives Karma zu entwickeln und negatives Karma zu überwinden. Durch das Handeln im Einklang mit den ethischen Prinzipien des Buddhismus, wie den bereits behandelten „Fünf Silas" (Verhaltensregeln) sowie dem „Achtfachen Pfad", kann man positives Karma ansammeln und dadurch positive Ergebnisse erzielen.

SAMSARA UND NIRVANA

„Samsara" und „Nirvana" beschreiben im Buddhismus unterschiedliche Zustände des Seins und sind bedeutsame Eckpfeiler des buddhistischen Glaubens für das Verständnis des Lebens und des Weges zur Befreiung.

Dilgo Khyentse (* 1910 in Dêgê, Kham; † 28. September 1991 in Bhutan) Meister des Vajrayana und Autor des Buches „Den Pfad praktizieren" sagte einst:

„Samsara, oder zyklische Existenz, bezieht sich nicht auf unser Land, unser Haus oder unsere Dinge. Samsara bezieht sich auf die geistigen Leiden und die negativen Gedanken, die uns an diesen ermüdenden Kreislauf von Geburt, Tod und Wiedergeburt binden."

Der Begriff Samsara stammt aus dem Sanskrit und bedeutet wörtlich „fortgehen" oder „durchqueren". Er bezieht sich auf den Zyklus der Geburt, des Todes sowie der Wiedergeburt, den alle Lebewesen durchlaufen. In diesem Zyklus ist das Leben von Leiden und Unzufriedenheit geprägt, da man den Bedingungen des sterblichen Daseins unterworfen ist. Im Buddhismus wird Samsara als ein endloser Kreislauf des Leidens betrachtet, der von Verlangen, Ignoranz und auch Karma angetrieben wird. Eines der zentralen Ziele des Buddhismus ist es, aus dem Kreislauf des Samsara auszubrechen und den Zustand des „Nirvana" zu erreichen.

Der Begriff Nirvana bedeutet wörtlich „Auslöschen". Es beschreibt einen Zustand vollständiger Befreiung von Leiden, Verlangen und dem Kreislauf der Wiedergeburten.

Nirvana ist ein Zustand des tiefen Friedens, der Freiheit sowie der Erleuchtung. Nirvana wird oft als das ultimative Ziel des buddhistischen Pfades angesehen. Es wird jedoch nicht als ein himmlischer Ort oder eine ewige Existenz nach dem Tod verstanden, sondern als ein Zustand des Bewusstseins, den man bereits im gegenwärtigen Leben erreichen kann. Es ist ein Zustand des Erwachens und der Freiheit von Verhaftung an das Ego und die Begierden, die Leiden verursachen.

Wie Sie bestimmt schon erkannt haben, besteht eine enge Verbindung zwischen Samsara und Nirvana. Samsara repräsentiert den gegenwärtigen Zustand des Leidens sowie der Unzufriedenheit, den die meisten Menschen erleben, während sie im Kreislauf der Wiedergeburten gefangen sind. Nirvana hingegen ist der Zustand der Befreiung von diesem Leiden. Der Weg zum Nirvana führt über die Überwindung der Ursachen des Leidens, insbesondere des Verlangens und der Ignoranz. Dies wird im Buddhismus durch „Die vier edlen Wahrheiten" und den „Achtfachen Pfad" veranschaulicht.

Die „vier edlen Wahrheiten" beschreiben das Wesen des Leidens, seine Ursachen, die Möglichkeit seiner Überwindung und den Pfad zur Befreiung. Der „Achtfache Pfad" umfasst ethische Prinzipien, meditative Praktiken sowie die Entwicklung von Weisheit, um das Leiden zu überwinden und den Zustand des Nirvana zu erreichen.

Die Verbindung zwischen Samsara und Nirvana besteht darin, dass der Übergang vom einen zum anderen möglich ist. Nirvana ist nicht nur ein Ziel am Ende des Lebens, sondern ein Prozess der Transformation des Bewusstseins im gegenwärtigen Leben. Durch die Erkenntnis der Wahrheit über das Leiden sowie die Überwindung der Ursachen des Leidens kann man schrittweise aus dem Kreislauf des Samsara aussteigen und den Zustand des Nirvana erreichen.

Buddha soll einst gesagt haben:

„Wenn ein weiser Mensch leidet, so fragt er sich ‚Was habe ich bisher getan, um mich von meinem Leiden zu befreien? Was kann ich noch tun, um es zu überwinden?' Wenn aber ein törichter Mensch leidet, so fragt er: ‚Wer hat mir das angetan?'"

Es ist wichtig, anzumerken, dass die genaue Natur sowohl von Samsara als auch von Nirvana komplex ist und unterschiedliche Interpretationen innerhalb der verschiedenen buddhistischen Traditionen existieren können. Dennoch bleiben sie grundlegende Konzepte, die das Verständnis des menschlichen Daseins, des Leidens sowie des Weges zur Befreiung im Buddhismus prägen.

Körper, Geist & Seele im Einklang

Sowohl der Buddhismus als auch das Yoga stammen aus Indien – einem Land voller spiritueller Kulturen. Beide Prinzipien ähneln sich, da sie beide das gleiche Ziel verfolgen: die vollkommene Erkenntnis durch die Vereinigung von Körper sowie Seele. Im Gegensatz zum Buddhismus ist Yoga keine Religion. Vielmehr gilt Yoga als Lebenseinstellung, die auf 5.000 Jahre alten Traditionen beruht. Das belegen die ältesten Schriften Indiens, auch Veden genannt, denn dort wurden bereits einige Yoga-Praktiken beschrieben.

Yoga wurde stark geprägt durch den vorherrschenden Hinduismus in Indien. Die Philosophie ist bis heute ein integraler Bestandteil des hinduistischen Glaubenssystems und wird in den alten hinduistischen Schriften, insbesondere den Yoga-Sutras von Patanjali, ausführlich behandelt.

Hinduismus:
Der Hinduismus ist eine vielfältige Religion, die in Indien entstanden ist. Er umfasst eine breite Palette von Glaubensvorstellungen und Praktiken, basierend auf den Veden und anderen Schriften. Kernkonzepte sind Karma, Dharma, Samsara und Moksha.

Körperhaltungen werden im Yoga „Asanas“ genannt, die physische Stärke, Flexibilität und Gleichgewicht fördern sollen. Über „Pranayamas“, die Atemübungen repräsentieren, haben wir bereits im Kapitel „Der Atem als Meditationsobjekt“ geschrieben. Durch Atemübungen gelingt es Ihnen, die Kontrolle über Ihren Atem zu verbessern und Ihre Energie so zu lenken, wie Sie sie gerade benötigen. „Prana“ steht dabei für die vitale Lebensenergie im Körper, während „Ayama“ die Kontrolle oder Ausdehnung innerhalb der Atemkontrolle beschreibt. Schaffen wir es, diese Elemente im Yoga richtig zu beherrschen, dann können wir Erleuchtung (Samadhi) als die vollständige Ruhe des Geistes erlangen, der im absoluten Einklang ist mit unserem Körper, der Umwelt sowie der Natur.

Das Wichtigste in Kürze:

- bei Yoga handelt es sich nicht um eine Religion, sondern um eine Lebensphilosophie
- hingegen ist der Buddhismus eine anerkannte Religion mit Millionen von Anhängern weltweit
- Yoga konzentriert sich vorrangig auf den Körper
- beim Buddhismus steht unser Geist im Mittelpunkt
- Gemeinsamkeit: Beide Praktiken betonen die Bedeutsamkeit von Achtsamkeit sowie Meditation

DIE PHILOSOPHIEN VON YOGA & BUDDHISMUS

Der Buddhismus basiert auf den Lehren von Gautama Buddha. Er betont die Überwindung des Leidens und die Erreichung von Nirvana, dem Zustand der vollkommenen Befreiung. Die buddhistische Philosophie legt großen Wert auf „Die vier edlen Wahrheiten", die das Leiden, seine Ursachen sowie den Weg bis zur Beendigung beschreiben. Meditation spielt eine zentrale Rolle im Buddhismus. Mithilfe von Meditation gelingt es uns, Achtsamkeit zu entwickeln und die eigene Natur zu erkennen.

Das Yoga hingegen hat seine Wurzeln im Hinduismus und hat eine breite Palette von Philosophien sowie Praktiken. Yoga zielt darauf ab, Körper, Geist und Seele in Einklang zu bringen, um letzten Endes zur Selbstverwirklichung zu gelangen. Es gibt verschiedene Pfade des Yoga, darunter Karma-Yoga (Handlung), Bhakti-Yoga (Hingabe), Jnana-Yoga (Wissen) und Raja-Yoga (mentales bzw. meditatives Yoga).

Ein wichtiger Unterschied zwischen Buddhismus und Yoga liegt in ihrem Verständnis des Selbst. Im Buddhismus wird das Konzept des Selbst als eine Illusion betrachtet, während Yoga eine Vorstellung von einem transzendenten Selbst oder einer göttlichen Essenz hat, die durch die Praxis enthüllt werden kann.

Bei der Herangehensweise an das Leiden findet sich ebenfalls ein weiterer Unterschied: Während der Buddhismus das Leiden als zentrales Thema betrachtet und nach Methoden sucht, um es zu überwinden, konzentriert sich Yoga darauf, das Leiden zu reduzieren, indem es Körper sowie Geist durch verschiedene Praktiken stärkt.

Auch die praktische Umsetzung des Buddhismus und des Yoga unterscheiden sich. Im Buddhismus steht die Meditation im Mittelpunkt, um Einsicht und Erleuchtung zu erlangen. Im Yoga stehen jedoch eher die Asanas und auch die Pranayamas im Vordergrund.

In Bezug auf die religiöse Dimension sind die buddhistischen Lehren nicht notwendigerweise auf einen Glauben an einen höheren Gott oder eine göttliche Macht ausgerichtet, während das Yoga im Hinduismus verwurzelt ist und eine spirituelle Dimension hat, die eine Verbindung mit dem Göttlichen anstrebt.

Trotz dieser Unterschiede teilen der Buddhismus und das Yoga gemeinsame Ziele, wie die Befreiung von Leiden, das Streben nach Erleuchtung sowie die Entwicklung von Mitgefühl. Beide Philosophien bieten wertvolle Werkzeuge zur Selbstreflexion, persönlichen Entwicklung und spirituellen Erweckung. Es ist wichtig, zu beachten, dass diese Beschreibung eine vereinfachte Darstellung ist. Es existieren verschiedene Schulen und auch Traditionen, die weiteren Nuancen und Variationen aufweisen. Jetzt, wo Sie die groben Unterschiede zwischen beiden Lehren kennengelernt haben, haben Sie sich vielleicht bereits die Frage gestellt, ob Buddhisten (oder andere religiöse Menschen) überhaupt Yoga praktizieren dürfen, da es ja doch signifikante Unterschiede gibt?

Die kurze Antwort: Ja, Buddhisten, Andersgläubige, aber auch Nichtgläubige dürfen Yoga praktizieren. Yoga ist keine exklusive Praxis des Buddhismus und kann von Menschen verschiedener Glaubensrichtungen ausgeübt werden, da Yoga nicht im Widerspruch zu den buddhistischen Prinzipien steht. Als Christ oder Freigeist können Sie sich ebenfalls von Yoga und/oder den buddhistischen Lehren inspirieren lassen. Schließlich beruhen diese Ideen bzw. Praktiken auf den universellen Aspekten von Achtsamkeit, Meditation und persönlichem Wachstum.

PATANJALI YOGA SUTRA

Die Patanjali Yoga Sutra ist eine bedeutende Schriftsammlung, die von dem indischen Gelehrten Patanjali verfasst wurde, und gilt als eines der wichtigsten Werke des Yoga. Sie legt die Grundprinzipien sowie den philosophischen Rahmen für die Praxis des Yoga fest. Die Yoga-Sutra besteht aus 195 kurzen Sutras (Aphorismen) und ist in vier Kapitel unterteilt.

Das erste Kapitel, Samadhi Pada, behandelt die Natur des Geistes und das Ziel des Yoga. Es erklärt, dass das Zur-Ruhe-Bringen der Gedanken im Geist (Chitta Vritti Nirodha) zur Erreichung des Samadhi führt, einem Zustand höchster Bewusstheit sowie Verschmelzung. Das zweite Kapitel, Sadhana Pada, beschreibt die praktischen Aspekte des Yoga. Es behandelt den achtstufigen Pfad des Raja-Yoga, auch bekannt als Ashtanga-Yoga. Diese Stufen umfassen ethische Prinzipien, Selbstbeherrschung, Asana, Pranayama, Rückzug der Sinne, Dharana-Konzentration, Meditation und Samadhi, also die Verschmelzung von Körper, Geist und Seele. Das dritte Kapitel, Vibhuti Pada, behandelt die Kräfte (Vibhutis) und Erfahrungen, die durch intensive Praxis erlangt werden können. Es beschreibt die Fähigkeit, übernatürliche Kräfte zu erlangen, aber betont ebenso, dass dies nicht das eigentliche Ziel des Yoga ist. Das vierte Kapitel, Kaivalya Pada, behandelt die Natur des Befreiungszustands (Kaivalya) und die Bedeutung der Unterscheidung zwischen dem Selbst und der materiellen Welt. Es betont die Notwendigkeit, sich von den Identifikationen mit dem Körper, Geist sowie Ego zu lösen, um die wahre Natur des Selbst zu erkennen.

Die Patanjali Yoga Sutra ist ein tiefgründiges Werk, das die Essenz des Yoga in prägnanten Aussagen zusammenfasst. Es betont die Bedeutung von Disziplin, Achtsamkeit, Selbstkontrolle und Meditation als Mittel zur Entwicklung von geistiger Klarheit sowie spirituellem Wachstum. Obwohl die Yoga-Sutra oft mit dem Yoga-Aspekt der körperlichen Haltungen in Verbindung gebracht wird, betont sie auch die Bedeutung der ethischen Prinzipien und des mentalen Trainings, um den Geist zu beruhigen, um zur Einheit von Körper, Geist sowie Seele zu gelangen.

PRANAYAMA

Im Kapitel „Der Atem als Meditationsobjekt“ sind wir bereits auf das Thema „Pranayama“ eingegangen, nun möchten wir uns das Ganze genauer ansehen. Wir starten das Kapitel mit einem Zitat aus dem Patanjali Yoga Sutras:

„Jede Lenkung des Atems soll mit kontrolliertem Geist erfolgen, der nicht mit anderen Gedanken umherschweift.“

Dieses Zitat stammt aus dem zweiten Kapitel, Sadhana Pada, Vers 53. Es ist ein Bestandteil der Beschreibung der Praxis des Pranayama, der bewussten Kontrolle sowie Lenkung des Atems. Dieses Zitat unterstreicht die Bedeutung der Achtsamkeit sowie Konzentration während der Atemübungen, um den Geist zu beruhigen und zu fokussieren. Pranayama bezieht sich also auf die Kontrolle und Ausdehnung der Lebensenergie. Die Praxis des Pranayama umfasst eine Vielzahl von Atemübungen, die dazu dienen, den Atem zu verlangsamen, zu verlängern, zu halten oder zu rhythmisieren. Diese Übungen werden oft in Kombination mit bestimmten Körperhaltungen (Asanas) und mit Meditation praktiziert.

Pranayama hat eine Reihe von Vorteilen für den Körper, den Geist und die spirituelle Entwicklung. Auf körperlicher Ebene hilft es, die Lungenkapazität zu erhöhen, die Sauerstoffaufnahme zu verbessern sowie den Stoffwechsel zu regulieren. Es kann auch den Herzschlag beruhigen und den Blutdruck senken. Auf mentaler bzw. emotionaler Ebene wirkt Pranayama beruhigend und entspannend. Es kann Stress reduzieren, den Geist beruhigen, die Konzentration verbessern und auch die Klarheit des Denkens fördern. Durch die bewusste Lenkung des Atems können wir unsere Aufmerksamkeit auf den gegenwärtigen Moment lenken und den Geist von störenden Gedanken befreien. Pranayama ist eine kraftvolle Praxis, die uns hilft, unsere Atmung bewusst wahrzunehmen und zu nutzen, um Körper, Geist sowie Seele in Einklang zu bringen. Durch regelmäßige Praxis können wir einen tieferen Zustand der Ruhe, Klarheit und spirituellen Verbundenheit erreichen.

DIE ASANAS

Bei Yoga handelt es sich nicht um Leistungssport. Trotzdem können Sie Ihre Leistungsfähigkeit mit Yoga steigern. Yoga ist nicht mit einfacher Gymnastik vergleichbar, da beim Yoga der Aspekt der mentalen Konzentration dazukommt. Während der Ausübung der Körperübungen müssen Anwender stets Ihre Atmung im Blick haben. Wenn Sie zum Beispiel Ihren Rücken dehnen möchten, weil er an ein paar Stellen verspannt ist, dann ist es empfehlenswert, genau in diese kleinen Schmerzpunkte hineinzuatmen. Bevor Sie sich an Ihre ersten Asanas wagen, hier ein paar Empfehlungen:

- Achten Sie auf sich und Ihren Körper, es gilt, sowohl Überanstrengung als auch Übertreibung zu vermeiden.
- Die Übungen dürfen nicht schmerzen, lediglich angenehm ziehen.
- Versuchen Sie immer, mit all Ihren Sinnen die Übungen auszuführen, insbesondere auf Ihre Atmung ist zu achten .
- als Faustregeln gelten hierbei:
  - Fließen Sie mit Ihrem Atem in die Übung hinein und wieder hinaus
  - Halten Sie jede Übung für mindestens fünf ruhige Atemzüge
- Anstatt beispielsweise auf zwei intensive Stunden an einem Tag in der Woche zu setzen, sollten Sie lieber die Asanas regelmäßig, aber behutsam ausführen, dafür reichen wenige Minuten am Tag.

Hinweis:
Die hier ausgewählten Asanas sind zwar einfachere Yoga-Übungen, die Sie garantiert allein erlernen und ausüben können, allerdings empfehlen wir Ihnen, die erste Zeit einen Yoga-Kurs unter der Anleitung eines erfahreneren Yoga-Lehrers zu besuchen. So können Sie sicher sein, dass Sie die Asanas richtig ausführen.

Übung: Sonnengruß (Surya Namaskar)

Der Sonnengruß ist die klassische Yoga-Aufwärmübung. Angeblich sind mehr als 500 Muskeln am Sonnengruß beteiligt. Führt man den Sonnengruß dreimal hintereinander aus, ist der Körper bereit für die Asanas. Ein Mehr an Aufwärmung ist immer besser als ein zu Wenig. Das Verletzungsrisiko sinkt nach gutem Aufwärmen erheblich.

1. Stehen Sie mit Ihren Füßen zusammen und halten Sie Ihren Rücken gerade (Berghaltung).

2. Heben Sie Ihre Arme über den Kopf. Drücken Sie anschließend Ihre Handflächen zusammen (Arme über dem Kopf).

3. Beugen Sie sich nach vorne. Berühren Sie den Boden mit Ihren Händen. Die Knie können leicht gebeugt sein (Vorbeuge).

4. Bringen Sie Ihr rechtes Bein nach hinten und senken Sie Ihre Hüfte ab, während Sie Ihren Kopf nach oben richten (Ausfallschritt).

5. Bringen Sie Ihr linkes Bein ebenfalls nach hinten. Halten Sie Ihren Körper in einer geraden Linie (Plank-Position).

6. Senken Sie Ihren Körper langsam ab, wobei Ihre Ellenbogen nahe am Körper bleiben, bis Brust, Kinn sowie Zehen den Boden berühren.

7. Heben Sie Ihren Kopf und Ihre Brust nach oben, während Sie Ihren Oberkörper vom Boden abheben (Kobra).

8. Drücken Sie Ihren Körper nach oben. Formen Sie jetzt ein umgekehrtes V mit Ihrem Körper (umgekehrter V-förmiger Hund).

9. Bringen Sie Ihr rechtes Bein nach vorne zwischen Ihre Hände und richten Sie Ihren Kopf nach oben (Ausfallschritt).

10. Bringen Sie Ihr linkes Bein nach vorne, um in der Vorbeuge zu enden.

11. Kommen Sie langsam hoch, heben Sie Ihre Arme über den Kopf.

12. Bringen Sie Ihre Hände zurück zur Ausgangsposition (Berghaltung). Fertig!

Nachdem Sie mit der Übung fertig sind, können Sie noch einmal die Hände zusammenlegen, die Augen schließen und sich selbst dafür danken, diese großartige Einstiegsübung zu machen.

Übung: Vorwärtsbeuge im Sitzen (Paschimottanasana)

Dieses Asana hilft Ihnen dabei, Ihre Rückenmuskulatur zu dehnen und Ihre Beinmuskulatur zu strecken.

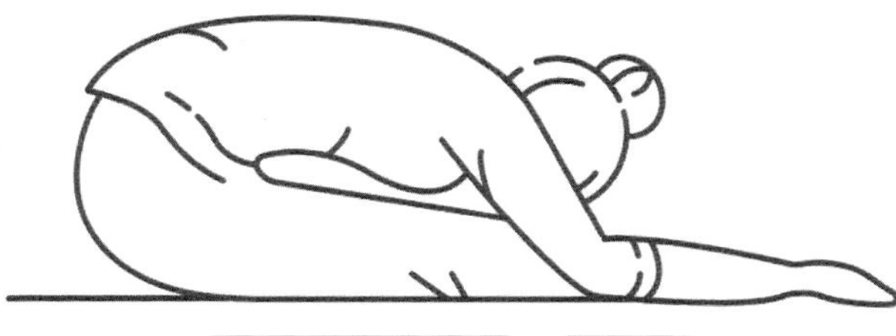

1. Setzen Sie sich auf den Boden und strecken Sie die Beine vor sich aus. Achten Sie darauf, dass Ihre Wirbelsäule aufrecht ist.
2. Beugen Sie sich langsam aus der Hüfte heraus nach vorne, während Sie mit den Händen Ihre Füße, Unterschenkel oder Zehen fassen.
3. Atmen Sie ruhig und halten Sie die Position für einige Atemzüge.
4. Versuchen Sie, Ihren Oberkörper weiter nach unten zu bringen, indem Sie mit jedem Ausatmen tiefer in die Dehnung gehen.
5. Entspannen Sie dabei Ihre Schultern, den Rücken und die Beine.
6. Spüren Sie die Dehnung entlang der Rückseite Ihres Körpers.
7. Beenden Sie die Übung, indem Sie sich langsam wieder aufrichten und entspannen.

Übung: Schulterstand (Sarvangasana)

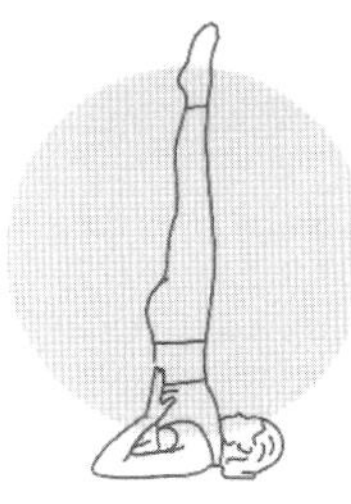

Das Asana „Schulterstand" wird auch als Kerze bezeichnet. Sie ist die Königin unter den Asanas, da sie unter den meisten Yogis als wichtigste Übung gilt. Die vielen positiven Effekte dieser Übung sprechen für sich:

- Verbesserte Durchblutung und Sauerstoffversorgung des Gehirns
- Stärkung der Schulter- sowie Nackenmuskulatur
- Entlastung der Wirbelsäule
- Verbesserung der Körperhaltung
- Anregung der Schilddrüsenfunktion
- Stimulierung des Lymphflusses
- Unterstützung des Immunsystems
- Beruhigung des Nervensystems
- Reduzierung von Stress und Angst
- Verbesserte Verdauung sowie Stoffwechselaktivität

1. Legen Sie sich auf den Rücken und platzieren Sie Ihre Hände an den Seiten Ihres Körpers. Atmen Sie tief ein. Heben Sie Ihre Beine langsam senkrecht in die Luft.
2. Stützen Sie Ihren unteren Rücken mit den Händen. Danach schieben Sie Ihre Beine über Ihren Kopf hinweg, bis Ihre Zehen den Boden berühren. Strecken Sie Ihre Beine nach oben. Gleichzeitig bringen Sie Ihre Schultern näher zusammen, während Sie den Nacken entspannen.
3. Halten Sie die Position für mehrere Atemzüge. Atmen Sie dabei ruhig sowie gleichmäßig.
4. Beenden Sie den Schulterstand, indem Sie langsam Ihre Beine senken und sich Wirbel für Wirbel auf den Boden zurückrollen.

Übung: Gestreckte Beine (Uttanpadasana)

Dieses Asana stärkt Ihren Rücken und Ihre Bauchmuskeln. Zudem fördert die „Gestreckte-Beine-Übung“ Ihr Gleichgewichtsgefühl.

1. Legen Sie sich flach auf den Rücken.
2. Strecken Sie Ihre Beine aus. Die Arme liegen entspannt neben Ihrem Körper.
3. Atmen Sie ruhig ein und aus, um sich zu zentrieren.
4. Spannen Sie Ihre Bauchmuskeln an. Halten Sie dabei Ihren unteren Rücken flach auf dem Boden.
5. Heben Sie langsam beide Beine gleichzeitig an, bis sie senkrecht nach oben zeigen.
6. Strecken Sie Ihre Beine vollständig aus.
7. Halten Sie die Spannung in den Bauchmuskeln für mehrere Atemzüge aufrecht, während Sie ruhig und gleichmäßig weiteratmen.
8. Senken Sie die Beine kontrolliert ab und kehren Sie zur Ausgangsposition zurück.

Übung: Bhujangasana – Kobra

Das Kobra-Asana stärkt den Rücken und soll das Herz öffnen. Mit anderen Worten: Diese Übung verbessert den Blutfluss Ihres Herzes.

1. Legen Sie sich flach auf den Bauch. Platzieren Sie Ihre Handflächen neben Ihren Schultern auf dem Boden.
2. Atmen Sie ruhig ein und aus, um sich zu zentrieren.
3. Drücken Sie Ihre Handflächen fest auf den Boden und heben Sie langsam Ihren Oberkörper an. Halten Sie dabei Ihre Ellbogen nahe am Körper.
4. Beugen Sie Ihren Rücken sanft nach hinten. Danach heben Sie Ihren Brustkorb in Richtung Decke.
5. Halten Sie den Blick nach vorne gerichtet. Entspannen Sie Ihren Nacken.
6. Atmen Sie ruhig und tief ein und aus, während Sie die Position für einige Atemzüge halten.
7. Um die Übung zu beenden, senken Sie Ihren Oberkörper langsam ab. Legen Sie sich wieder flach auf den Bauch.
8. Wiederholen Sie das Kobra-Asana nach Bedarf, achten Sie dabei auf Ihren Körper. Gehen Sie nur so weit, wie es für Sie angenehm ist!

Buddhistische Ernährung: Alles im Gleichgewicht

Der Buddhismus und das Ayurveda sind zwei traditionsreiche Lebenskonstrukte, die nicht nur eine enge Beziehung, sondern auch eine wechselseitige Beeinflussung aufweisen. Ayurveda, das als indische Heilkunst gilt, betont insbesondere die Harmonie von Körper, Geist sowie Seele zur Erhaltung der Gesundheit. Der Buddhismus hingegen zielt, als spirituelle Lehre, auf das Erreichen von Erleuchtung und Befreiung von Leiden ab. Sowohl der Buddhismus als auch Ayurveda betonen die Bedeutung einer ausgewogenen sowie gesunden Ernährung für das Wohlbefinden des Körpers und des Geistes.

Im Buddhismus ist die Ernährung von großer Bedeutung, da die ethische Lehre des nicht verletzenden Handelns meistens auch das Verbot des Tötens von Tieren für Nahrungsmittel umfasst. Deswegen sind Vegetarismus sowie Veganismus in vielen buddhistischen Gemeinschaften weit verbreitet. Die buddhistische Ernährung fördert eine pflanzliche Ernährung, die frei von Gewalt und allem Leid ist.

Ayurveda betrachtet die Ernährung als eine zentrale Säule der Gesundheit und betont die individuelle Anpassung der Nahrungsmittel entsprechend des Konstitutionstyps, auch „Doshas“ genannt. Es werden verschiedene Nahrungsmittel und Gewürze verwendet, um das Gleichgewicht der Doshas zu erhalten oder wiederherzustellen.

DIE LEHRE DER DOSHAS

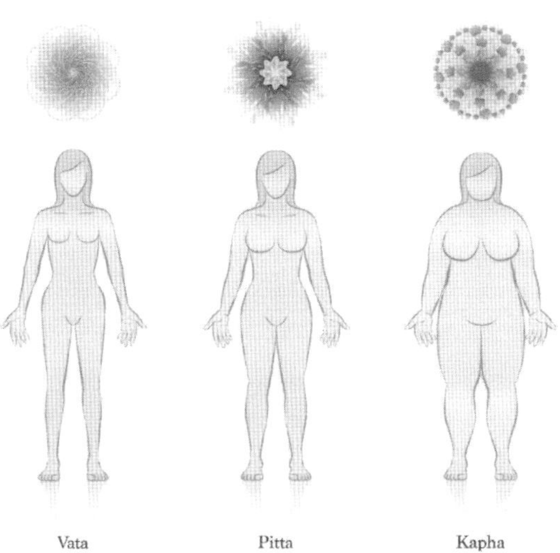

In der Ayurveda-Lehre werden alle fünf Elemente, also Wasser, Luft, Erde, Feuer sowie Äther, berücksichtigt. Diese Elemente bilden die Grundlage für die drei Doshas: „Vata“, „Pitta“ und „Kapha“. Die Doshas bestimmen die individuelle Konstitution eines jeden Lebewesens. Vata wird durch Luft und Äther repräsentiert, Pitta durch Feuer sowie Wasser und Kapha sowohl durch Erde als auch durch Wasser. Das Gleichgewicht der Doshas ist entscheidend für Gesundheit, während Ungleichgewichte zu Störungen führen können. Ayurveda nutzt Ernährung, Kräuter, Yoga, Massagen sowie andere Techniken, um das Gleichgewicht der Doshas wiederherzustellen und das allgemeine Wohlbefinden zu fördern. Es ist wichtig, zu beachten, dass die Konstitution im Laufe des Lebens variieren kann. Faktoren wie Alter, Jahreszeiten, Ernährung, Lebensstil sowie Umwelt beeinflussen die Doshas und können zu Ungleichgewichten führen. Daher betont das Ayurveda die Bedeutung der Selbsterkenntnis und der Anpassung von Lebensstil sowie Ernährung, um die Konstitution in Balance zu halten.

Indem wir uns auf die spezifischen Charakteristiken der verschiedenen Konstitutionstypen konzentrieren und die Auswirkungen von Dosha-Ungleichgewichten verstehen, können wir mithilfe von Ayurveda gezielte Maßnahmen ergreifen, um die Gesundheit und das eigene Wohlbefinden zu fördern.

Vata (Luft, Äther)

Das erste Dosha im Ayurveda, Vata, wird oft als eine Kombination der Elemente Luft sowie Äther beschrieben. Es stellt das Bewegungsprinzip im Körper dar und ist verantwortlich für die gesamte Physiologie und den Energiefluss. Vata steht für Leichtigkeit, Trockenheit, Kälte, Mobilität sowie Zurückhaltung. Es ist verantwortlich für alle Bewegungen im Körper, sei es der Herzschlag, die Atmung, der Muskeltonus oder die Kontraktion des Verdauungstrakts. Zudem reguliert Vata ebenso den Geist, die Kreativität und alle Sinneswahrnehmungen. Zusätzlich sorgt es dafür, dass die Lebensenergie Prana, die durch die Energiekanäle im Körper eines jeden Lebewesens zirkuliert, fließen kann. Ein gesundes Vata sorgt also für eine reibungslose Zirkulation von Prana in unserem Körper bzw. hält ihn in Balance.

Menschen mit einer dominanten Vata-Konstitution sind oft schlank, haben eine schnelle Stoffwechselrate und sind energetisch. Sie sind oft kreativ, neugierig sowie bereit für Veränderungen. In Zeiten des Ungleichgewichts kann Vata jedoch zu Unruhe, Angstzuständen, Schlafstörungen sowie Verdauungsproblemen führen.

Um ein ausgeglichenes Vata-Dosha zu fördern, empfiehlt Ayurveda eine Reihe von Maßnahmen. Dazu gehören eine regelmäßige Routine, ausreichend Schlaf, eine warme sowie nährstoffreiche Ernährung, regelmäßige Ölmassagen, Meditation, Yoga und Entspannungstechniken. Weiterhin werden bestimmte Lebensmittel bzw. Gewürze empfohlen, um Vata auszugleichen. Dazu gehören warme, gut gekochte Mahlzeiten, die reich an gesunden Fetten oder Proteinen sind. Zu den Gewürzen zählen unter anderem Ingwer, Zimt, Kreuzkümmel und Kardamom. Der Verzehr von rohem, kaltem oder trockenem Essen sollte vermieden werden, da dies das Ungleichgewicht von Vata verstärken kann. Darüber hinaus können ätherische Öle wie Lavendel, Sandelholz oder Kamille verwendet werden, um Vata zu beruhigen bzw. zu entspannen. Warme Bäder mit ätherischen Ölen, regelmäßige Pflanzenölmassagen sowie das Tragen warmer Kleidung können ebenfalls helfen, unser Vata auszugleichen.

Insgesamt ist Vata sehr bedeutsam für die eigene Gesundheit und das eigene Wohlbefinden. Ein ausgeglichenes Vata-Dosha unterstützt die Beweglichkeit, Kreativität und geistige Klarheit. Ein Ungleichgewicht hingegen führt zu Unruhe sowie zu verschiedenen Gesundheitsproblemen. Wenn Sie auf die Bedürfnisse Ihres Vata-Doshas achten und entsprechende Maßnahmen ergreifen, können Sie die Balance in Ihrem Körper sowie Geist nicht nur aufrechterhalten, sondern ebenso wiederherstellen.

Pitta (Feuer, Wasser)

Pitta steht im Ayurveda für die Kombination der Elemente Feuer und Wasser. Es repräsentiert die Transformation sowie Stoffwechselprozesse im Körper. Dies bedeutet, dass unserer Verdauungsprozess erleichtert, der Stoffwechsel angeregt und die Temperatur im Körper richtig reguliert wird. Ebenso ist Pitta für unseren Hormonhaushalt und die Durchblutung verantwortlich. Es beeinflusst den mentalen Zustand und die Emotionen. Ein ausgewogenes Pitta-Dosha führt zu Schärfe, Fokus und Energie. Personen mit einer dominanten Pitta-Konstitution sind oft mittelgroß, haben eine durchschnittliche Stoffwechselrate, sind zielorientiert und scharfsinnig. Sie neigen dazu, eine gute Verdauung und einen starken Willen zu besitzen. Im Ungleichgewicht kann Pitta jedoch zu übermäßiger Hitze, Verdauungsstörungen, Entzündungen, Reizbarkeit oder sogar Wut führen.

Ein ausgeglichenes Pitta-Dosha können Sie laut Ayurveda erreichen, indem Sie eine kühlende und beruhigende Ernährung vorziehen, die zudem reich an frischem Gemüse, Obst sowie Vollkornprodukten ist. Scharfe, fettige oder saure Lebensmittel sollten Sie lieber meiden, da sie Pitta verstärken können. Darüber hinaus wird empfohlen, eine ruhige sowie entspannende Umgebung zu schaffen und Stress zu reduzieren, da Stress das Pitta-Dosha aus dem Gleichgewicht bringen kann. Kühlende ätherische Öle wie Minze, Koriander oder Kokosöl können verwendet werden, um Pitta zu beruhigen. Regelmäßige Bewegung, wie Yoga oder Spaziergänge in der Natur, kann helfen, überschüssige Hitze abzubauen und unser Pitta auszugleichen.

Vergessen Sie nicht: Ein ausgeglichenes Pitta-Dosha führt zu einem guten Verdauungssystem, einer gesunden Haut und einem klaren Geist, während ein Ungleichgewicht zu Verdauungsstörungen, Hautproblemen sowie negativer Emotionalität führen kann.

Kapha (Erde, Wasser)

Das letzte Dosha „Kapha" steht im Ayurveda für die Verbindung von Erde und Wasser. Es vertritt die Struktur sowie Stabilität des Körpers, da es an der Aufrechterhaltung der körperlichen Funktionen und des Gleichgewichts beteiligt ist. Kapha ist eher schwer, kühl, langsam, stabil und ölig. Es ist verantwortlich für die Schmierung der Gelenke, die Aufrechterhaltung der Stärke von Gewebe sowie Organen und für die Regulierung unseres Immunsystems. Ferner reguliert es die Flüssigkeitsbalance im Körper und sorgt für genügend Feuchtigkeit in Haut, Haaren sowie Schleimhäuten. Kapha beeinflusst ebenfalls unsere Emotionen bzw. unseren mentalen Zustand. Ein ausgewogenes Kapha-Dosha führt dadurch zu Ruhe, Mitgefühl sowie Ausgeglichenheit.

Lebewesen mit einer vorherrschenden Kapha-Konstitution sind in der Regel kräftig, haben eine langsame Stoffwechselrate und sind ruhig sowie geduldig. Sie neigen dazu, eine starke Ausdauer und ein stabiles Immunsystem zu haben. Im Ungleichgewicht kann Kapha jedoch zu Gewichtszunahme, Trägheit, Schleimansammlung, Depressionen sowie Verdauungsstörungen führen.

Wenn Sie ein ausgeglichenes Kapha-Dosha benötigen, empfiehlt Ayurveda regelmäßige Bewegung bzw. körperliche Aktivität, um die Stoffwechselrate zu erhöhen und die Ansammlung von Kapha zu verhindern. Eine leichte, warme sowie trockene Ernährung wird empfohlen, mit viel frischem Gemüse, Gewürzen und einer begrenzten Menge an Fett sowie Zucker. Es wird auch empfohlen, regelmäßig zu fasten oder leichte Mahlzeiten einzunehmen, um die Verdauung zu fördern und Kapha damit auszugleichen. Wärme durch Saunabesuche oder Sonnenbäder kann ebenfalls hilfreich sein, um die Schwere von Kapha zu reduzieren. Bestimmte ätherische Öle wie Zitrone, Eukalyptus oder Rosmarin können verwendet werden, um Kapha zu stimulieren bzw. zu beleben. Regelmäßige Massagen mit trockenen Bürsten oder mit Ölen wie Senf oder Sesam können die Durchblutung verbessern.

Wenn Sie für ein ausgeglichenes Kapha-Dosha sorgen, dann reduzieren Sie Ihre Trägheit, Ihr Gewicht und Ihre emotionale Trägheit.

Das Gleichgewicht der Doshas

Wenn sich Doshas in harmonischer Balance befinden, dann fühlt sich eine Person in der Regel vital, energetisch und geistig ausgeglichen. Beachten Sie dabei, dass die meisten Menschen eine Kombination verschiedener Doshas in ihrer Konstitution vorfinden. Allerdings gibt es immer ein Dosha, das dabei heraussticht und somit das dominantere Dosha ist. Zum Beispiel kann ein Lebewesen Vata-Pitta, Pitta-Kapha oder Vata-Pitta-Kapha sein. Die individuelle Konstitution beeinflusst am Ende, wie in den Kapiteln zuvor dargelegt, die körperlichen Merkmale, den Stoffwechsel, die Verdauung, das emotionale Verhalten sowie die Reaktionen auf bestimmte Umweltbedingungen.

Das Verständnis des individuellen Körpertyps oder der Konstitution ist wichtig, um eine maßgeschneiderte Herangehensweise an Ernährung, Lebensstil, Bewegung und/oder andere Aspekte des täglichen Lebens zu entwickeln. Durch die Berücksichtigung der dominanten Dosha-Konstitution können im Ayurveda geeignete Maßnahmen ergriffen werden, um das Gleichgewicht der Doshas zu fördern, was wiederum einen positiven Aspekt auf unsere Gesundheit sowie unser Wohlbefinden hat.

Wenn eines der Doshas aus dem Gleichgewicht gerät, kann es zu körperlichen und geistigen Beschwerden kommen. Zum Beispiel kann ein erhöhtes Vata-Dosha zu Verdauungsproblemen, Schlaflosigkeit, Nervosität und auch Angst führen. Ein erhöhtes Pitta-Dosha kann sich durch Entzündungen, Sodbrennen, Reizbarkeit oder Hautausschläge manifestieren. Ein erhöhtes Kapha-Dosha kann zu Gewichtszunahme, Schleimansammlung, Trägheit sowie Depression führen.

Das Ziel im Ayurveda ist es, ein Gleichgewicht der Doshas herzustellen, um die eigene Gesundheit zu fördern. Dies wird durch individuell angepasste Maßnahmen erreicht, die darauf abzielen, das übermäßige Dosha zu reduzieren und das geschwächte Dosha zu stärken. Dies kann durch die Wahl von spezifischen Nahrungsmitteln, Kräutern, Massagen, Yoga-Übungen, Atemtechniken oder anderen ganzheitlichen Ansätzen geschehen. Das Gleichgewicht zwischen den Doshas ist letztlich der Schlüssel zur ganzheitlichen Gesundheit im Ayurveda. Beachten Sie bitte, dass Gleichgewicht in dem Sinne nicht bedeutet, dass die Doshas zu gleichen Anteilen vorhanden sein müssen, sondern dass sie in ihrem individuellen harmonischen Zustand sind, basierend auf der einzigartigen Konstitution eines Lebewesens.

AGNI

Agni ist ein wesentliches Konzept im Ayurveda und bezieht sich auf das Verdauungsfeuer oder die Verdauungskraft im Körper. Es repräsentiert die Fähigkeit des Körpers, Nahrung zu verdauen, zu assimilieren sowie Abfallstoffe zu eliminieren. Ein gesundes Agni ist entscheidend für die Aufrechterhaltung unserer Gesundheit und bedeutsam bei der Verhinderung von Krankheiten. Es reguliert den Stoffwechselprozess und unterstützt die Aufnahme von Nährstoffen in den Körper. Agni ist auch für die Produktion von Enzymen sowie Hormonen verantwortlich, die den Verdauungsprozess unterstützen. Weiterhin stärkt es unser Immunsystem, verbessert unsere Energieproduktion und fördert unser allgemeines Wohlbefinden. Allerdings kann ein geschwächtes Agni zu Verdauungsstörungen, Nährstoffmangel, Toxizität oder einem allgemeinen Ungleichgewicht im Körper führen. Um Agni zu stärken und ein gesundes Verdauungsfeuer aufrechtzuerhalten, rät Ayurveda, verschiedene Vorkehrungen zu treffen. Dazu gehören die Wahl von leicht verdaulichen Nahrungsmitteln, das Essen zu den richtigen Zeitpunkten, das gründliche Kauen der Nahrung und das Einführen von verdauungsfördernden Gewürzen wie Ingwer, Kreuzkümmel sowie Kurkuma in die Ernährung.

Regelmäßige körperliche Aktivität und Yoga-Übungen können ebenfalls helfen, das Agni zu stärken. Es wird empfohlen, Stress zu reduzieren, da Stress das Agni schwächen kann. Der Verzicht auf schlechte Essgewohnheiten, wie übermäßiges Essen, ungesunde Lebensmittel sowie unregelmäßige Mahlzeiten, trägt ebenfalls zur Erhaltung eines starken Agni bei. Wenn Sie diese Empfehlungen einhalten, fördern Sie Ihre Verdauung, Ihren Stoffwechsel sowie Ihre allgemeine Gesundheit.

NAHRUNGSMITTEL FÜR KÖRPER, GEIST & SEELE

Nahrungsmittel werden im Ayurveda nicht nur als bloße Energiequelle betrachtet, sondern auch als Mittel zur Unterstützung unserer körperlichen sowie geistigen Gesundheit. Indem wir unsere Ernährung den Prinzipien des Ayurveda anpassen, können wir dazu beitragen, ein gesundes Gleichgewicht in unserem Körper und Geist zu erreichen. Es ist jedoch wichtig, zu beachten, dass die ayurvedische Ernährung nicht als Ersatz für medizinische Behandlungen oder eine individuelle Gesundheitsberatung dienen sollte. Es ist ratsam, dass Sie, wenn Sie sich ayurvedisch ernähren möchten, einen qualifizierten Ayurveda-Experten konsultieren, um einen personalisierten Ernährungsplan zu erhalten, der auf Ihre individuellen Bedürfnisse zugeschnitten ist.

DOSHA-GERECHTE ERNÄHRUNG & VERDAUUNG

Wie Sie bereits wissen, nimmt Agni – das Verdauungsfeuer – in der ayurvedischen Lehre eine zentrale Rolle ein. Letztendlich ist es Agni, welches darüber entscheidet, wie aktiv oder inaktiv Sie sind. Sind die drei Dosha-Typen Vata, Pitta und Kapha in Balance, dann freut sich unser Verdauungsfeuer und wir fühlen uns energiegeladen und sind voller Lebensfreude. Da die drei Doshas unterschiedliche Verdauungseigenschaften aufweisen, müssen wir unsere Nahrung danach ausrichten, um eine typgerechte Ernährung zu gewährleisten. Im Ayurveda gibt es ein Sprichwort: Du bist, was du verdaust.

Doch jeder Mensch ist einzigartig, daher ist es wichtig, auf die individuellen Bedürfnisse und Reaktionen des eigenen Körpers zu achten. Wenn Unsicherheiten oder spezifische Ernährungsfragen auftreten, zögern Sie nicht, Ihren Ayurveda-Experten zu konsultieren.

Vata-Verdauung – flackernd & regelmäßig

Vata ist eng mit der Verdauungsfunktion verbunden. Eine gesunde Verdauung ist von entscheidender Bedeutung, um unseren Körper mit den richtigen Nährstoffen zu versorgen und Abfallprodukte effizient auszuscheiden.

Erlaubte Lebensmittel:

- gekochtes Gemüse wie Karotten, Süßkartoffeln, Kürbis sowie Rüben, da sie leicht verdaulich sind
- gekochtes Getreide wie Reis, Haferflocken und Quinoa, um den Körper mit der nötigen Energie zu versorgen
- Hülsenfrüchte wie Mungbohnen, Linsen sowie Kichererbsen, da sie reich an Proteinen und Ballaststoffen sind
- reifes Obst wie Bananen, Mangos, Orangen oder Beeren, um die Vata-Verdauung zu unterstützen
- warme Getränke wie Ingwer- oder Fencheltee sowie warmes Wasser, um den Körper zu hydratisieren

Zu vermeidende Lebensmittel:

- rohe oder kalte Speisen, da sie die Verdauung belasten können
- trockene bzw. knusprige Lebensmittel wie Crackers oder trockenes Brot, da sie zu einer erhöhten Vata-Energie führen können
- gasbildende Lebensmittel wie Kohl, Zwiebeln und Hülsenfrüchte, da sie Blähungen bzw. Unwohlsein verursachen können
- koffeinhaltige Getränke wie Kaffee oder schwarzer Tee, da sie das Nervensystem stimulieren und unsere Vata-Energie erhöhen

Pitta-Verdauung – stark & lodernd

Eine ausgeglichene Pitta-Verdauung trägt dazu bei, dass Nahrung richtig verarbeitet und absorbiert wird.

Erlaubte Lebensmittel:

- kühlende Lebensmittel wie Gurken, Melonen, Kokosnüsse oder grünes Blattgemüse, da sie helfen, das Pitta-Dosha zu beruhigen
- süßes, reifes Obst wie Trauben, Mangos, Birnen und Granatäpfel, um die Verdauung zu unterstützen
- gekochte Getreidesorten wie Gerste, Hafer sowie Basmatireis, die nährend und leicht verdaulich sind
- mageres Fleisch wie Huhn, Pute oder Fisch, da sie eine gute Proteinquelle darstellen
- Milchprodukte in Maßen, vorzugsweise in fermentierter Form, z. B. Joghurt oder Buttermilch

Zu vermeidende Lebensmittel:

- scharfe Gewürze und heiße Speisen, da sie unser Pitta-Dosha erhöhen
- säurehaltige Lebensmittel wie Zitrusfrüchte, Tomaten oder Essig, da sie die Hitze im Körper verstärken
- fettige bzw. frittierte Speisen, da sie die Verdauung belasten und zu Sodbrennen führen können
- Alkohol sowie koffeinhaltige Getränke, da sie das Pitta-Dosha weiter anheizen

Kapha-Verdauung – langsam & träge

Menschen mit einer Kapha-Verdauung neigen dazu, nur einmal am Tag eine Darmentleerung zu haben. Hingegen können Personen mit einer Pitta-Verdauung dies durchaus dreimal am Tag haben. Wenn auch Sie eher zur Kapha-Verdauung neigen, dann muss Ihnen bewusst sein, dass hier die Verdauung von Natur aus träge und langsamer arbeitet.

Erlaubte Lebensmittel:

- leicht verdauliche und auch trockene Lebensmittel wie Quinoa, Gerste, Hirse und Hafer, da sie dazu beitragen, das Kapha-Dosha zu reduzieren
- gekochtes Gemüse wie grüne Bohnen, Brokkoli, Spargel oder Blattgemüse, da sie nährstoffreich bzw. leicht verdaulich sind
- Gewürze wie Ingwer, Kurkuma, Zimt und schwarzer Pfeffer, die die Verdauung anregen sowie das Kapha-Dosha ausgleichen
- leichte Proteine wie Hülsenfrüchte, Tofu oder mageres Hühner- oder Putenfleisch in moderaten Mengen

Zu vermeidende Lebensmittel:

- schwere oder fettige Speisen wie frittierte Gerichte, Käse oder fettes Fleisch, da sie die Kapha-Energie verstärken und die Verdauung verlangsamen können
- gekühlte Speisen sowie Getränke, da sie die Verdauung hemmen und/oder zu Schleimbildung führen können
- süße und zuckerhaltige Lebensmittel wie Gebäck, Desserts und raffinierter Zucker, da sie das Kapha-Dosha erhöhen
- überschüssiges Salz, da es Wasser im Körper bindet und dadurch Schleimhäute austrocknen können

DIE GESCHMACKSRICHTUNGEN

Ayurveda unterscheidet sechs Geschmacksrichtungen: **süß, sauer, salzig, scharf, bitter** und **herb.** Alle sechs Richtungen sollten laut der ayurvedischen Lehre in einer Mahlzeit vorhanden sein, im Hinblick auf die ausbalancierten Doshas, die ja bei jedem Menschen unterschiedlich zusammengesetzt sein können. Fehlt eine der Geschmacksrichtungen, dann kann es durchaus vorkommen, dass unser Körper nach dem fehlenden Geschmack verlangt. Ernähren wir uns regelmäßig unausgewogen, kommt es zu Verschiebungen der Doshas und folglich zu Problemen, wie Störungen des Verdauungstrakts oder Schlafstörungen.

Um eine ausgewogene Ernährung gemäß den Prinzipien des Ayurveda zu erreichen, ist es wichtig, zu wissen, wo die sechs Geschmacksrichtungen in unserer täglichen Nahrung zu finden sind und welche Auswirkungen sie auf die Doshas haben.

Drei Arten von Geschmacksprinzipien:

- **Rasa:** Hierbei handelt es sich um die eben erwähnten sechs Geschmacksrichtungen im Ayurveda.
- **Virya:** Sie ist die stärkste Kraft des Stoffwechsels und umschreibt die thermische Wirkung von Lebensmitteln auf unseren Körper.
- **Vipaka:** Dieser Begriff steht für den geschmacklichen sowie metabolischen Effekt von Lebensmitteln nach der Verdauung.

Detaillierte Betrachtung der Geschmacksrichtungen

Der süße Geschmack

Der süße Geschmack ist in Lebensmitteln wie Früchten, Getreide, Milchprodukten und Süßigkeiten vorhanden. Er hat eine beruhigende Wirkung auf Vata sowie Pitta, kann jedoch das Kapha-Dosha verstärken. Daher sollte der süße Geschmack in moderaten Mengen genossen werden, um ein Gleichgewicht zu erreichen.

Wirkung auf die Doshas:

- **Pitta:** kühlend
- **Vata:** beruhigend
- **Kapha:** wird vermehrt

Wirkung auf die Geschmacksprinzipien:

- **Rasa:** süß
- **Virya:** kalt
- **Vipaka:** süß

Der saure Geschmack

Lebensmittel wie Zitrusfrüchte, fermentierte Produkte, Essig oder saure Beeren enthalten bekanntlich den sauren Geschmack. Dieser erfrischt Vata, gleicht Kapha-Dosha aus, erhöht aber das Pitta-Dosha. Menschen mit einem erhöhten Pitta-Anteil sollten den sauren Geschmack in Maßen konsumieren.

Wirkung auf die Doshas:

- **Pitta:** stimulierend
- **Vata:** beruhigend
- **Kapha:** vermehrt

Wirkung auf die Geschmacksprinzipien:

- **Rasa:** sauer
- **Virya:** heiß
- **Vipaka:** sauer

Der salzige Geschmack

Der salzige Geschmack findet sich in Meeresfrüchten, salzigen Snacks und bestimmten Gemüsesorten wieder. Er hilft, Vata und Kapha auszugleichen, kann jedoch das Pitta-Dosha erhöhen. Ein übermäßiger Konsum von Salz sollten Sie dann vermeiden, wenn Sie mögliche Probleme mit Ihrem Wasserhaushalt aufweisen.

Wirkung auf die Doshas:

- **Pitta:** erhitzt
- **Vata:** beruhigend
- **Kapha:** vermehrt

Wirkung auf die Geschmacksprinzipien:

- **Rasa:** salzig
- **Virya:** heiß
- **Vipaka:** süß

Der scharfe Geschmack

Scharf resultiert aus den Elementen Feuer und Luft. Gewürze wie Chili, Pfeffer, Ingwer sowie Knoblauch verleihen unseren Gerichten eine gewisse Schärfe. Dieser Geschmack regt unseren Stoffwechsel an, gleicht Vata und Kapha aus, aber erhöht gleichzeitig unser Pitta-Dosha. Personen mit einem hohen Pitta-Anteil sollten den scharfen Geschmack in moderaten Mengen genießen.

Wirkung auf die Doshas:

- **Pitta:** vermehrt
- **Vata:** stimulierend
- **Kapha:** beruhigend

Wirkung auf die Geschmacksprinzipien:

- **Rasa:** scharf
- **Virya:** heiß
- **Vipaka:** scharf

Der bittere Geschmack

Der bittere Geschmack ist in grünem Blattgemüse, bitteren Kräutern wie Kurkuma und bestimmten Früchten wie Grapefruit zu finden. Er hat eine kühlende Wirkung auf unser Pitta, gleicht zudem unser Vata sowie Kapha aus. Ein übermäßiger Konsum von Bitterstoffen kann jedoch zu einer Erhöhung von Vata führen, daher sollte der bittere Geschmack nur in Maßen konsumiert werden.

Wirkung auf die Doshas:

- **Pitta:** kühlt
- **Vata:** stimulierend
- **Kapha:** beruhigend

Wirkung auf die Geschmacksprinzipien:

- **Rasa:** bitter
- **Virya:** kalt
- **Vipaka:** scharf

Der herbe Geschmack

Lebensmittel wie grüner Tee, Kaffee, Kakao, bestimmte Gemüsesorten oder Gewürze wie Nelken verleihen Speisen einen herben Geschmack. Dieser Geschmack hat eine kühlende Wirkung auf Pitta und gleicht Vata sowie Kapha aus. Menschen mit einem hohen Pitta-Anteil sollten jedoch den herben Geschmack in kleinen Mengen zu sich nehmen.

Wirkung auf die Doshas:

- **Pitta:** beruhigend
- **Vata:** beruhigend
- **Kapha:** belebt

Wirkung auf die Geschmacksprinzipien:

- **Rasa:** herb
- **Virya:** kalt
- **Vipaka:** herb

12 RICHTLINIEN DER AYURVEDISCHEN KÜCHE

1. Nutzen Sie vorwiegend frische oder schonend verarbeitete Lebensmittel. Achten Sie dabei auf saisonale Zutaten aus der Region oder greifen Sie vermehrt zu Bio-Produkten.

2. Beachten Sie, dass in der ayurvedischen Küche überwiegend warm gekocht wird. Daher sollten Sie Rohkost nur in geringem Maße genießen. Wenn Rohkost für Sie auf den Teller gehört, dann eher als Beilage oder als Mittagessen. Morgens und abends hingegen sollten Sie warme Speisen verzerren.

3. In der ayurvedischen Ernährungsweise gibt es nur drei Mahlzeiten ohne jegliche Zwischenmahlzeiten oder Snacks. Das bedeutet, es gibt Frühstück, Mittag sowie Abendessen.

4. Starten Sie Ihr Frühstück möglichst mit leichter, jedoch warmer Kost. Das Mittagessen sollten Sie bis etwa 14 Uhr eingenommen haben. Wie beim Frühstück gilt es am Abend, etwas leicht Verdauliches zu essen, insbesondere warm zubereitet. Zu vermeiden sind, wie beim Frühstück, Rohkost, aber auch tierische Produkte wie Eier, Milch, Käse, Joghurt etc.

5. Trinken Sie über den Tag ausreichend. In der ayurvedischen Küche wird das Trinken nachhaltig betont. Wichtig ist dabei, zu beachten, dass Sie vorzugsweise warmes Trinkwasser zu sich nehmen. Großteils sollten Sie auf gesüßte Industrie-Getränke verzichten, wie Energy-Drinks, Cola oder industriell hergestellte Limonaden.

6. Alle im vorangegangenen Kapitel beschriebenen sechs Geschmacksrichtungen sollten Sie in Ihre Mahlzeiten einplanen.

7. Gewürze gehören zur ayurvedischen Küche, da diesen bestimmten Heilkräften zugesprochen werden. Wir nennen Ihnen einmal die zehn wichtigsten Gewürze, die Sie bei Ihrem nächsten Supermarkteinkauf einplanen sollten: Ingwer, Kurkuma, Kardamom, Kreuzkümmel, Nelken, Koriander, Muskat, Zimt, Safran sowie Pfeffer. Setzen Sie Salz, am besten geeignet ist Steinsalz, nur sparsam ein.

8. Um Zucker zu vermeiden, insbesondere den Industriezucker, können Sie auf Ahornsirup oder Honig zurückgreifen. In der ayurvedischen Ernährung wird Honig allerdings nicht erhitzt und ist deswegen nicht geeignet für das Backen oder Süßen von Tees. Möchten Sie Ihren Tee dennoch mit Honig süßen, empfehlen wir Ihnen, etwas zu warten, bis der Tee nicht mehr kochend heiß ist.

9. Verwenden Sie Ghee anstatt Butter oder Öl. Ghee (mehr dazu erfahren Sie im nächsten Kapitel) wird eine reinigende Wirkung auf unser Gewebe nachgesagt.

10. Vermeiden Sie schwere Kost, aber essen Sie auch weniger Süßspeisen.

11. Setzen Sie auf Reis und Hülsenfrüchte, wie Mungbohnen, Kichererbsen oder Linsen.

12. Wenn Sie Milch konsumieren möchten, dann tun Sie dies in Verbindung mit gekochten Getreidesorten, wie Reis, Dinkel oder Hafer. Vermeiden Sie es aber, Milch mit Blattgemüse, frischen Früchten sowie salzigen oder sauren Speisen zu verzehren.

GENUSSVOLLE & AUSGEWOGENE REZEPTE

Wir möchten Ihnen zum Ende dieses Buches eine Auswahl an Rezepten vorstellen, die mit der ayurvedischen Küche vereinbar sind. Es handelt sich um ausgewogene Rezepte voller Genuss. Viele der Zutaten finden Sie im Supermarkt, im Feinkostladen oder in türkischen oder asiatischen Einkaufsmärkten. Neben Ghee werden ebenfalls in vielen Rezepten der ayurvedischen Küche die Gewürzmischungen Masalum sowie Asafoetida verarbeitet:

Ghee:
Bei Ghee handelt es sich um geklärte Butter. Es wird hergestellt, indem Butter langsam geschmolzen und das darin enthaltene Wasser sowie das Milcheiweiß entfernt wird. Was übrig bleibt, ist reines Butterfett mit einem reichhaltigen, buttrigen Geschmack und einer goldgelben Farbe.

Masalum:
Masalum ist ein Gewürz aus der indischen Küche, das eine einzigartige Mischung aus Koriander, Kreuzkümmel, Ingwer, Kurkuma, Zimt sowie anderen Aromen bietet. Es verleiht Gerichten einen intensiven, würzigen Geschmack und ist besonders beliebt in Currygerichten und exotischen Speisen.

Asafoetida:
Asafoetida, auch bekannt als „Teufelsdreck", ist ein Gewürz, das aus dem Harz der Wurzel der Asafoetida-Pflanze gewonnen wird. Es wird häufig in der indischen Küche verwendet und hat einen starken, intensiven Geruch, der an Knoblauch bzw. Zwiebel erinnert. Es wird auch als Geschmacksverstärker in vegetarischen sowie veganen Gerichten eingesetzt, da es einen herzhaften, fleischähnlichen Geschmack verleiht.

Belugalinsen mit Spinat

Zutaten für 2 Portionen:

500 g frischer Spinat
½ grüne Chilischote, in dünne Ringe geschnitten
1 rote Paprika, gewürfelt oder in Streifen geschnitten
1 kleine Zwiebel, gewürfelt
50 g Belugalinsen
300 ml Wasser
1 EL Ghee
1 TL grünes Masalum
Salz

Zutaten für Ghee:

250 g Biobutter

Zubereitung

1. Nehmen Sie einen Topf und bringen Sie die Biobutter zum Schmelzen, bis sie köchelt. Sobald die Butter anfängt, zu schäumen, bzw. Blasen wirft, verringern Sie die Hitze.
2. Lassen Sie die Butter für etwa 15 Minuten weiterköcheln, bis sie eine braune Farbe annimmt und die gesamte Flüssigkeit verdunstet ist. Sieben Sie das Ghee durch ein Metallsieb, das mit Küchenpapier ausgelegt ist, um Verunreinigungen zu entfernen.
3. Nachdem das Ghee abgekühlt ist, lagern Sie es an einem dunklen sowie kühlen Ort. Waschen Sie den Spinat gründlich und kochen Sie ihn mit sehr wenig Wasser für fünf Minuten.
4. Fügen Sie das grüne Masalum hinzu. Pürieren Sie alles, bis es eine glatte Konsistenz erreicht hat. Stellen Sie die Masse beiseite. Erhitzen Sie das Ghee in einer Pfanne und braten Sie die Zwiebelwürfel darin für eine Minute an. Geben Sie die Linsen sowie die Chili hinzu und löschen Sie alles mit Wasser ab.
5. Kochen Sie die Mischung bei mittlerer Hitze für 20 bis 25 Minuten, bis die Linsen gar sind. Bei Bedarf können Sie zusätzliches Wasser hinzufügen. Fügen Sie den gekochten Spinat hinzu und lassen Sie alles noch einmal aufkochen. Schmecken Sie das Gericht mit Salz ab und garnieren Sie es mit Paprika.

Ayurvedische Pizza

Zutaten für 2 Portionen:

250 g Maismehl
2 Tomaten
10 grüne Oliven, entsteint und zerkleinert
100 g Tofu, klein gewürfelt oder in Streifen
100 ml lauwarmes Wasser
1 EL Olivenöl
1 TL Kräuter der Provence
5 frische Basilikumblätter
1 TL rotes Masalum
Salz

Zubereitung

1. Heizen Sie den Backofen auf 180 Grad (Umluft) vor. Nehmen Sie eine Schüssel und geben Sie das Maismehl hinein. Fügen Sie die Kräuter sowie eine Prise Salz hinzu. Gießen Sie langsam 100 ml lauwarmes Wasser dazu und kneten Sie es gut unter.

2. Falls der Teig zu fest ist, können Sie etwas mehr Wasser hinzufügen.

3. Rollen Sie den Teig aus und verteilen Sie ihn gleichmäßig auf einem mit Backpapier ausgelegten Backblech. Der Teig sollte etwa einen Zentimeter dick sein.

4. Schneiden Sie die Tomaten in kleine Würfel. Danach mischen Sie sie mit dem roten Masalum, dem Olivenöl, einem Esslöffel Wasser sowie den Oliven.

5. Schmecken Sie die Mischung mit Salz ab und verteilen Sie die Masse gleichmäßig auf dem Teig.

6. Verteilen Sie die gewürfelten oder in Streifen geschnittenen Tofuwürfel auf der Oberseite.

7. Backen Sie alles für etwa 8 bis 10 Minuten im vorgeheizten Ofen.

8. Dekorieren Sie das Gericht vor dem Servieren mit frischem Basilikum.

Quinoa-Gemüse-Burger

Zutaten für 2 Portionen:

100 g Quinoa (Reismelde)
250 g gemischtes Gemüse der Saison
1 EL Kichererbsenmehl
2 TL gelbes Masalum
2 TL frische Kräuter, fein gehackt
Salz

Zubereitung

1. Bereiten Sie zunächst die Quinoa zu, indem Sie sie in einem engmaschigen Sieb unter fließendem Wasser gut reinigen und danach für ca. 15 Minuten in Salzwasser bei schwacher Hitze kochen.

2. Schälen, putzen und würfeln Sie das Gemüse nach Bedarf.

3. Kochen Sie das Gemüse in wenig Wasser, bis es gar ist, und gießen Sie es dann ab.

4. Heizen Sie den Backofen auf 200 Grad (Umluft) vor.

5. Mischen Sie die gekochte Quinoa mit dem Gemüse, dem gelben Masalum sowie den übrigen Zutaten. Schmecken Sie die Mischung mit Salz ab und formen Sie daraus Burger.

6. Legen Sie die Burger auf ein mit Backpapier ausgelegtes Blech und backen Sie sie im vorgeheizten Backofen für etwa 8 bis 10 Minuten.

Warmer Möhrensalat

Zutaten für 2 Portionen:

500 g Snack-Möhren
2 Knoblauchzehen
1 Bund Petersilie
50 g Pinienkerne
1 EL Ahornsirup oder Agavendicksaft
2–3 EL Limettensaft
100 ml Wasser
2 EL Öl
½TL gemahlener Koriander
Cayennepfeffer
Pfeffer
Salz

Zubereitung

1. Halbieren Sie die Möhren längs. Erhitzen Sie das Öl in einer Pfanne und braten Sie die Möhren darin etwa 4 Minuten an.

2. Geben Sie Ahornsirup oder Agavendicksaft sowie 2 EL Limettensaft hinzu. Lassen Sie alles kurz karamellisieren.

3. Gießen Sie dann 100 ml Wasser dazu, würzen Sie mit Salz und lassen Sie die Flüssigkeit bei mittlerer Hitze für etwa 5 Minuten einkochen.

4. Spülen Sie inzwischen die Petersilie ab, schütteln Sie sie trocken und zupfen Sie die Blätter ab.

5. Schälen Sie den Knoblauch. Danach pressen Sie ihn durch eine Knoblauchpresse.

6. Geben Sie den Knoblauch, die Pinienkerne, den Koriander und eine Prise Cayennepfeffer zu den Möhren.

7. Schwenken Sie alles nochmals für 2–3 Minuten in der Pfanne.

8. Mischen Sie dann die Petersilie unter.

9. Schmecken Sie den Salat mit Salz, Pfeffer, Cayennepfeffer und, wenn Sie möchten, mit Limettensaft ab. Wir empfehlen zu dem Gericht Fladenbrot.

Dal mit Blumenkohl

Zutaten für 2 Portionen:

100 g halbierte, geschälte Mungbohnen
300 ml Wasser
200 g Blumenkohl
1–2 grüne Chilischoten
2 EL Ghee
2 EL gehacktes Koriandergrün
1 TL getrocknete Bockshornkleeblätter
5 Curryblätter
½ TL Kreuzkümmelsamen
½ TL Senfkörner
1 Lorbeerblatt
2 EL Kokosraspel
100 ml heißes Wasser
½ TL Kurkumapulver
1 Msp. Asafoetida
Salz

Zubereitung

1. Bedecken Sie die Bohnen in einer Schüssel mit kaltem Wasser und lassen Sie sie 1 Stunde einweichen.

2. Gießen Sie die Kokosraspel mit knapp 100 ml heißem Wasser auf. Lassen Sie die Kokosraspel etwas aufquellen.

3. Waschen Sie den Blumenkohl, schneiden Sie die äußeren Blätter ab und brechen Sie den Kohl in Röschen. Schneiden Sie den Strunk in Stücke.

4. Geben Sie den Kohl in einen kleinen Topf. Fügen Sie gerade genug Wasser hinzu, um ihn leicht zu bedecken.

5. Rühren Sie Salz sowie knapp 1/4 TL Kurkuma ein.

6. Bringen Sie alles zum Kochen und lassen Sie es zugedeckt bei mittlerer Hitze etwa 10 Minuten kochen, bis der Blumenkohl gar, aber noch bissfest ist. Hinterher lassen Sie ihn in einem Sieb abtropfen.

7. Gießen Sie die Bohnen in ein Sieb, spülen Sie sie mit kaltem Wasser ab. Jetzt füllen Sie sie mit 300 ml Wasser in einen Topf.

8. Waschen Sie die Chilischoten, entfernen Sie die Stiele und hacken Sie die Schoten fein. Fügen Sie alles zusammen mit dem Lorbeerblatt, dem restlichen Kurkumapulver sowie den eingeweichten Kokosraspeln hinzu.

9. Bringen Sie es zum Kochen, salzen Sie es und lassen Sie es bei schwacher Hitze zugedeckt etwa 30 Minuten köcheln, bis die Bohnen weich sind.

10. Erhitzen Sie das Ghee in einer beschichteten Pfanne. Braten Sie Kreuzkümmel, Senfkörner, Curryblätter sowie Asafoetida bei mittlerer Hitze an, bis alles zu knistern beginnt.

11. Mischen Sie dann den gut abgetropften Blumenkohl darunter. Braten Sie das Ganze unter Rühren etwa 5 Minuten, bis der Kohl leicht gebräunt ist. Geben Sie alles zu den Bohnen und rühren Sie gut um.

12. Reiben Sie die Bockshornkleeblätter zwischen den Fingern fein und mischen Sie es unter die Masse. Schmecken Sie gegebenenfalls mit Salz ab.

13. Lassen Sie das Dal zugedeckt bei schwacher Hitze etwa 5 Minuten ziehen. Servieren Sie es gerne mit Korianderblättern bestreut.

Ayurvedisches Kitchari (Eintopf)

Zutaten für 2 Portionen:

80 g Quinoa
80 g gelbe Linsen
350 g Brokkoli
1 Möhre
1 Ingwer
½ Zitrone
2 EL Ghee
400 ml Gemüsebrühe
½ TL Kümmelsamen
½ gemahlene Kurkuma
½ TL gemahlener Koriander

Zubereitung

1. Geben Sie die Quinoa in ein Sieb, spülen Sie sie ab und lassen Sie sie abtropfen.

2. Schälen Sie den Ingwer und hacken Sie ihn fein.

3. Erhitzen Sie das Ghee in einem Topf. Braten Sie darin die Quinoa, den Ingwer, die Linsen sowie den Kümmel unter Rühren für 2–3 Minuten an.

4. Geben Sie Kurkuma hinzu, löschen Sie mit Gemüsebrühe ab und lassen Sie alles bei mittlerer Hitze für ca. 15 Minuten köcheln. Rühren Sie gelegentlich um.

5. Währenddessen schälen Sie die Möhre und schneiden sie in kleine Würfel. Waschen Sie den Brokkoli, putzen Sie ihn und teilen Sie ihn in kleine Röschen.

6. Dämpfen Sie das Gemüse in einem Dampfgarer für etwa 10 Minuten (alternativ können Sie es auch in einem Topf mit wenig Wasser dünsten).

7. Pressen Sie die Zitrone aus. Anschließend geben Sie den Saft zur Quinoa-Linsen-Mischung.

8. Würzen Sie mit Koriander und mischen Sie den gedämpften Brokkoli sowie die Möhre unter.

Rote-Linsen-Kokos-Suppe

Zutaten für 2 Portionen:

100 g rote Linsen
1 mittelgroße Möhre
½ rote Paprikaschote
½ Stange Staudensellerie
1 Knoblauchzehe
½ Zwiebel
½ Stück frischer Ingwer
200 ml ungesüßte Kokosmilch
350 ml Gemüsebrühe
1 EL Zitronensaft
1–2 EL Öl
2–3 Zweige Thai-Basilikum
1–2 TL mildes Currypulver
Cayennepfeffer und Salz

Zubereitung

1. Schälen Sie die Zwiebel sowie den Knoblauch, die Möhre und den Ingwer und schneiden Sie alles zusammen mit der Paprika und dem Staudensellerie fein. Erhitzen Sie das Öl in einem Topf.

2. Dünsten Sie darin Zwiebel, Knoblauch, Ingwer sowie Currypulver unter ständigem Rühren für etwa 1 Minute an.

3. Spülen Sie die Linsen in einem Sieb ab und lassen Sie sie abtropfen.

4. Geben Sie die Linsen zu Paprika, Sellerie und Möhre.

5. Gießen Sie Gemüsebrühe sowie Kokosmilch hinzu. Bringen Sie danach alles zum Kochen.

6. Lassen Sie es sanft für 20–25 Minuten köcheln, bis die Linsen zerfallen sind bzw. das Gemüse weich ist.

7. Pürieren Sie die Suppe mit einem Pürierstab.

8. Würzen Sie die Suppe mit Zitronensaft, Salz und Cayennepfeffer.

9. Waschen Sie das Thai-Basilikum, schütteln Sie es trocken, zupfen Sie die Blättchen ab und streuen Sie diese beim Servieren über die heiße Suppe.

Mit praktischer Weisheit zur inneren Gelassenheit

Der Buddhismus ist eine faszinierende, aber ebenso tiefgründige Lehre, die uns dabei hilft, ein erfülltes sowie sinnvolles Leben zu führen. So war es uns ein großes Anliegen, die Vielfalt und Schönheit des Buddhismus in all seinen Facetten darzustellen und Ihnen praktische Werkzeuge an die Hand zu geben, um die buddhistischen Prinzipien in das alltägliche Leben einzufügen.

Lassen Sie uns einen kurzen Rückblick auf die verschiedenen Kapitel werfen und diese noch einmal zusammenfassen. Wir haben gelernt, dass der Buddhismus nicht nur einfach eine Religion, sondern vielmehr eine Lebensphilosophie ist, die sich perfekt auf das Hier und Jetzt übertragen lässt. Alte Pfade wurden neu entdeckt sowie die Bedeutung der äußeren Fülle und inneren Leere erkundet. Durch die historischen Aspekte und auch durch die Gegenwart des Buddhismus haben wir gelernt, dass die Lehren des Buddhas auch heute noch relevant sowie anwendbar sind.

Die Grundsätze des Buddhismus wurden in den Kapiteln über die „vier edlen Wahrheiten" und den „Achtfachen Pfad" detailliert erklärt. Wir beschäftigten uns mit der Bedeutung der richtigen Sichtweise, Gesinnung, Rede, Handlung, dem Lebenserwerb, Streben, der Achtsamkeit sowie Sammlung. Am Ende dienen all diese Grundsätze als Leitfaden für ein moralisches und ethisches Leben im Einklang mit dem buddhistischen Weg.

Die drei Daseinsmerkmale Anicca, Dukkha und Anatta haben uns gezeigt, dass Unbeständigkeit, Leiden sowie die Abwesenheit eines permanenten Selbst die grundlegenden Merkmale der menschlichen Existenz sind. Diese Merkmale sind im Buddhismus zu akzeptieren und es gilt, weise mit diesen umgehen zu können.

Ein zentraler Bestandteil des buddhistischen Weges ist die Meditation. Wir haben Ihnen verschiedene Meditationstechniken aufgezeigt, wie die „Nichts-Tun"-Meditation, die Metta-Meditation sowie verschiedene Atemübungen. Diese Übungen helfen Ihnen, Ihre Gedanken zur Ruhe zu bringen, Klarheit zu erlangen und tief in den gegenwärtigen Moment einzutauchen. Gemeinsam haben wir gelernt, den Moment bewusst wahrzunehmen, uns selbst besser zu verstehen, mit Veränderungen umzugehen, Dankbarkeit zu praktizieren und gewaltlos zu kommunizieren. Die Kapitel über den Umgang mit sich selbst bzw. über zwischenmenschliche Beziehungen haben Ihnen gezeigt, wie wichtig es ist, mitfühlend und liebevoll mit sich und anderen umzugehen. Wir haben gelernt, uns selbst anzunehmen, Grenzen zu setzen, aktiv zuzuhören und „Nein" zu sagen.

Auch die behandelten Themen Arbeit, Ernährung, Nachhaltigkeit sowie Verzicht haben uns gezeigt, wie jeder von uns den buddhistischen Weg in verschiedenen Aspekten unseres Alltags umsetzen kann. Nach dem Lesen dieses Buches wissen wir nun, wie wichtig es ist, unsere

Arbeit zu hinterfragen, achtsam mit unserer Ernährung umzugehen, nachhaltiger zu leben und den Materialismus als solchen zu hinterfragen.

Sie haben die tiefen Hintergründe für weiterführende Begriffe wie Pratityasamutpada, Karma, Samsara und Nirvana erfahren sowie die Verbindung zwischen Buddhismus und Yoga und die Bedeutung einer ausgewogenen Ernährung nach den hinduistischen Lehren des Ayurveda.

Insgesamt haben wir erfahren, dass der Buddhismus weit mehr ist als eine theoretische Lehre. Er ist eine Praxis, die in unser tägliches Leben integriert werden kann, um innere Gelassenheit bzw. Weisheit zu entwickeln. Und die in diesem Buch vorgestellten Übungen, Meditationen und Erkenntnisse sind die notwendigen Werkzeuge, die uns auf unserem spirituellen Weg unterstützen.

Es war uns ein Herzensanliegen, den Buddhismus als einen Weg der inneren Transformation darzustellen, der es uns allen ermöglicht, zu mehr Gelassenheit, Mitgefühl und Weisheit zu gelangen. Wir hoffen, dass unser Buch Sie dabei unterstützt hat, Ihre eigene spirituelle Reise zu bereichern, neue Perspektiven zu entdecken und die Essenz des Buddhismus im Alltag mit praktischer Weisheit zu leben und weiterzutragen.

Mögen Sie auf Ihrem Weg des spirituellen Wachstums Frieden, Glück und Erfüllung finden.